区域文化赋能
高职院校育人改革研究

杨　重　著

哈尔滨出版社
HARBIN PUBLISHING HOUSE

图书在版编目（CIP）数据
区域文化赋能高职院校育人改革研究 / 杨重著.
哈尔滨：哈尔滨出版社，2025. 5. -- ISBN 978-7-5484-8560-5
Ⅰ. G719. 21
中国国家版本馆 CIP 数据核字第 202552G55V 号

书　　名：区域文化赋能高职院校育人改革研究
QUYU WENHUA FUNENG GAOZHI YUANXIAO YUREN GAIGE YANJIU

作　　者：杨　重　著
责任编辑：滕　达

出版发行：哈尔滨出版社(Harbin Publishing House)
社　　址：哈尔滨市香坊区泰山路 82-9 号　邮编：150090
经　　销：全国新华书店
印　　刷：北京鑫益晖印刷有限公司
网　　址：www. hrbcbs. com
E - mail：hrbcbs@ yeah. net
编辑版权热线：（0451）87900271　87900272
销售热线：（0451）87900202　87900203

开　　本：787mm×1092mm　1/16　印张：11. 75　字数：190 千字
版　　次：2025 年 5 月第 1 版
印　　次：2025 年 5 月第 1 次印刷
书　　号：ISBN 978-7-5484-8560-5
定　　价：58. 00 元

前　言

在全球化与区域化交织发展的时代背景下，高职教育作为高等教育体系的重要组成部分，承担着培养高素质技术技能人才、服务地方经济社会发展的重要使命。区域文化作为地方经济社会发展的精神支柱和内在动力，不仅蕴含着丰富的历史内涵与人文价值，更是高职教育育人改革不可或缺的重要资源。近年来，随着《国家职业教育改革实施方案》等职教新政的密集落地，高职教育正迎来高质量发展的黄金时代。然而，面对产业升级和技术革新的挑战，高职教育在人才培养过程中仍存在一些问题，如文化育人功能弱化、学生人文素养缺失等。这些问题不仅影响了高职教育的整体质量，也制约了地方经济社会文化的可持续发展。因此，如何充分挖掘和利用区域文化资源，将其有效融入高职教育育人过程中，成为当前高职教育领域亟待解决的重要课题。区域文化作为地方特色的重要体现，具有鲜明的地域性、历史性和人文性。它不仅承载着地方经济社会发展的历史记忆和文化传承，更蕴含着丰富的教育资源和育人价值。将区域文化融入高职教育育人改革，不仅有助于提升学生的文化素养和创新能力，还能增强他们对地方文化的认同感和归属感，为地方经济社会发展提供有力的人才支撑。

本书共分为八章，围绕区域文化赋能高职院校育人改革展开深入研究。第一章至第三章，首先界定了区域文化的定义、分类、独特性与多样性，探讨了其教育价值与社会功能，并挖掘了它在高职教育中的潜力；接着分析了高职院校育人的现状与挑战，明确了育人的目标与任务，指出了实践中的现状和问题与挑战；在此基础上，构建了区域文化赋能高职院校育人的理论框架，提出了核心理念及改革方向与路径。第四章至第七章，具体构建了“文化+课程”“文化+实践”“文化+管理”等育人模式，探讨了区域文化在高职课程教学、学生实践活动、师资队伍建设中的融合与应用。第八章则着重于保障与支持体系的构建，包括经费与资源的合理配置、校企合作机制及实践案例分享等。本书适用于高职教育研究者、管理者及教师，为高职院校育人改革提供了新的思路与方法。

目　　录

第一章　区域文化的内涵、特征与功能

第一节　区域文化的定义与分类

一、区域文化的定义

区域文化是指在特定地域内形成并且传承的一种文化现象，它具有独特性、综合性和共性。区域文化可以包括语言、习俗、建筑风格、服饰、食品、艺术、音乐等方面，既包含了传统文化，也包含了现代文化。它是文化的空间分类，是在一定区域范围内形成和发展起来的具有明显特征的一种文化形态，也是一个国家或者一个民族传统文化中的主体文化的组成部分。区域文化内在地体现着一个区域独有的风格和精神状态，一定程度上决定着一个区域发展的战略变革和制度设计。区域文化包括区域共同分享的价值观、态度、习惯和行为规范等，对区域经济的发展具有重要的规范作用。

二、区域文化的分类

（一）从地域空间角度分类

1. 亚洲文化、中国文化、西南文化等

从地域的空间维度进行细致划分，区域文化展现出了丰富多样的层次性与差异性。在最为宏观的层面上，我们可以将区域文化划分为诸如亚洲文化这样的大文化区域，它涵盖了广袤的地理空间，蕴含着深厚的历史积淀和多元的文化交融，是众多文化元素相互碰撞、融合与共生的广阔舞台。进一步细化，中国文化作为亚洲文化的重要组成部分，以其独特的哲学思想、艺术风格、社会习俗等，彰显了中华民族数千年的文明智慧与创造力。而当我们聚焦于更微观的层面，如西南文化，它则是在中国文化这一大文化背景下，因地理环境、民族分布、历史发展等多重因素的共同作用，而形成的具有鲜明地域特色的文化形态。即便是在同一文化层次内部，区域文化的划分也并非单一均质，而是可以进一步细分为层次不同、特色各异的亚文化区。这些亚文化区，如同镶嵌在大文化区中的璀璨明珠，各自承载着独特的文化传统与地方风情，它们既相互独立，又在共同的文化规则与价值观念下紧密相连，共同构成了一个庞大而复杂的文化体系。在这个体系中，每一个文化共同体都以其独有的方式诠释着文化的多样性与统一性，它们之间的交流与互动，不仅促进了文化的传承与发展，也丰富了人类文明的内涵与外延，展现了区域文化独特的魅力与价值。

2. 具体地域文化

在中国广袤的土地上，由于地理环境的千差万别和自然条件的迥异多姿，孕育并形成了各具鲜明特色的地域文化。如东北文化以豪爽、热情、豁达、幽默为主要特征，深受自然环境和历史传承的影响，二人转的诙谐幽默、秧歌的欢快热烈，以及东北菜的浓郁醇厚，无不彰显着东北人民的独特性格和生活情趣。而江南文化，则以其水乡文化的独特魅力而著称。江南地区河网密布，水乡特色鲜明，这种自然环境孕育了江南人民精致、细腻、优雅的生活方式。园林的精巧布局，丝绸的柔美光泽，茶文化的深邃内涵，共同构成了江南文化的独特风貌。徽州文化，作为中国三大地域文化之一，更是博大精深，它涵盖了古徽州一府六县的物质文明和精神文明的总和，内容广博深邃，具有整体系列性等特点。徽州文化包容了中国封建社会后期民间经济、社会、生活与文化的基本内容，被誉为是中国封建社会后期的典型标本，对于研究中国历史和文化具有重要的价值。此外，武陵文化也是中华文化宝库中的瑰宝。它起源于武陵地区，是多元一体的民族文化融合体。武陵地区以武陵山脉为中心，涵盖湘鄂渝黔边境邻近地区，其独特的地理环境和历史背景孕育了武陵文化的独特魅力。

（二）从历史发展角度分类

1. 部族文化

在史前时期，人类社会的文化形态呈现出一种以部族为单位的显著区域性特征。这一时期的文化，深深植根于特定地域的自然环境、生产生活方式以及部族群体的社会结构之中，形成了各具特色、相对独立的地域性文化体系。新石器时代，作为人类文明发展的一个重要阶段，见证了众多璀璨文化的兴起与繁荣。仰韶文化、龙山文化、良渚文化等文化遗址，便是这一时期部族文化的杰出代表。它们各自分布在黄河流域、长江流域等不同地域，通过独特的陶器制作技艺、墓葬习俗、居住建筑形式以及社会组织结构，展现了史前人类在不同自然环境和社会条件下的文化创造力和适应力。上古时期的历史传说中，黄帝部落、炎帝部落等部族的兴起与迁徙，也深刻反映了这一时期部族文化的鲜明特色。这些传说不仅描绘了部族间的战争与融合，更揭示了部族文化在交流互鉴中不断发展壮大的历史进程。黄帝、炎帝等部族领袖的传说故事，不仅是对他们个人英雄事迹的颂扬，更是对部族文化精神内核的传承与弘扬。

2. 方国文化

商周以后，特别是在春秋战国时期，区域文化的发展呈现出一种相对独立且以方国为基础的特征，即形成了独具特色的方国文化。这一时期，尽管中原地区逐渐发展出了一种汲取了各部族文化精髓的核心文化，但分封制的实施却使得各个封国在政治体制、经济发展、文化传承等方面保持了较强的独立性。诸侯国之间，由于地理环境的差异、历史传统的不同以及政治力量的消长，形成了各具特色的文化形态。殷周之外的大部分地域，仍然保持着方国或部族的独立状态，它们各自的文化在相对封闭的环境中独立发展，进一步强化了区域性文化的特征。这种以诸侯国为基础的方国文化，不仅体现在诸侯国之间的文化差异上，更深刻地反映在它们各自的文化传统、价值观念、生活方式以及社会结构之中。我们现在所讲的齐鲁文化、荆楚文化、燕赵文化、吴越文化等，正是这种方国文化的典型代表。齐鲁文化以其厚重的历史底蕴和儒家思想的深远影响而著称；荆楚文化则以其独特的楚风和浪漫情怀而闻名；燕赵文化以其尚武精神和慷慨悲歌而传颂；吴越文化则以其水乡特色和精致工艺而独具魅力。这些方国文化各自独立又相互交织，共同构成了春秋战国时期丰富多彩的文化格局，为后世中华文化的繁荣与发展奠定了坚实的基础。

3. 地域文化

秦汉以后，随着统一中央帝国的建立及其行政区划的不断调整与变革，中国社会经历了一场深刻的历史变迁。这一时期，大规模的人口迁移现象尤为显著，它不仅改变了各地居民的成分结构，还促进了经济、政治、文化重心的转移与重构。在这一历史进程中，中国古代文化的内涵与特质也在不断地演变与发展，使得原本以方国为基础的区域文化逐渐过渡并演变为更具地域特色的地域文化。地域文化，是在长期的历史沉淀与积累过程中，受地理环境的熏陶、历史传承的影响、语言交流的融合、传统习俗的延续以及宗教信仰的渗透等多种因素共同作用的结果。它不仅仅是一种文化现象的简单叠加，而是集合了一个地区在科技、知识、信息、人的综合素质等多种元素基础上，经过长期融合与创新而形成的具有鲜明地域特色的文化综合体。地域文化既体现了特定地域的自然环境与人文景观的独特性，又反映了该地区人民的生活方式、价值观念、审美情趣以及社会心理等深层次的文化特征。它是中华民族多元文化的重要组成部分，展现了中华文化的丰富多样性和深厚底蕴。

（三）从文化形态角度分类

1. 物质文化与精神文化

区域文化最为鲜明的特征在于其地域性，这一特性是某一地区在漫长历史演进过程中，由气候条件、自然环境以及长期积淀形成的历史背景、文化传统、风俗习惯等多种因素共同作用而塑造的，具有独特且不同于其他地域的显著特征。地域性作为区域文化的核心标识，深刻体现了自然地理环境与人类社会活动之间的密切互动关系。不同地域之间，由于自然地理环境的显著差异，如地形地貌、气候条件、资源禀赋等方面的不同，为各地域文化的形成提供了迥异的物质基础。人们在利用和改造自然环境的过程中，由于时间跨度、方式选择、程度深浅等方面的差异，进一步加剧了地域文化的多样性和独特性。这种差异不仅体现在物质文化层面，如建筑风格、饮食习惯、服饰特色等，更深入精神文化领域，如价值观念、思维方式、宗教信仰、社会习俗等。因此，不同地域的文化各具特色，呈现出丰富多彩的文化景观。有的地域文化强调人与自然的和谐共生，有的则凸显人类的勇敢探索和创新精神；有的注重传统文化的传承与保守，有的则倾向于文化的开放与融合。

2. 具体文化形态

区域文化，作为我们国家和民族文化宝库中的璀璨瑰宝，承载着深厚的历史积淀与丰富的文化底蕴。它不仅是特定地域自然环境与社会历史条件相互作用的产物，更是与地域环境相契合、与民族民情相交融的独特文化表达。区域文化以其鲜明的地域特色，展现了各地人民在长期生产生活实践中形成的独特生活方式、价值观念、审美追求和社会习俗，构成了中华民族多元一体文化格局中的重要组成部分。传承与发展区域文化，对于维护民族文化的多样性和独特性具有不可估量的价值。区域文化作为民族文化多样性的具体体现，其丰富多样的文化形态和独特的文化内涵，为中华民族的文化宝库增添了无尽的色彩与活力。只有不断加强对区域文化的保护与传承，确保其在历史长河中得以延续和发展，才能有效防止文化同质化的趋势，保持民族文化的独特魅力和生命力。区域文化的传承与发展也是国家和民族文明进步的重要标志。它不仅能够增强民族文化的认同感和凝聚力，促进民族团结与社会和谐，还能够为现代社会的文化建设提供宝贵的资源与灵感，推动文化的创新性发展。表 1-1 为区域文化具体分类。

表 1-1　区域文化具体分类

分类依据	分类结果
地域空间	亚洲文化、中国文化、西南文化等
历史发展	部族文化、方国文化、地域文化等
文化区系	中原文化区系、南方文化区系、北方草原文化区系、青藏高原文化区系等
具体区域文化	齐鲁文化、秦文化、楚文化、三晋文化、吴越文化、中原文化、燕赵文化、巴蜀文化、岭南文化、云贵文化、藏文化、新疆绿洲文化、蒙古草原文化、关东文化、闽文化、台湾文化、客家文化、潮汕文化等
文化层次	大文化区、亚文化区等
文化特征	北方区域文化（豪爽、热情、豁达等）、南方区域文化（精致、细腻、优雅等）等

第二节　区域文化的独特性与多样性

一、区域文化的独特性

（一）地理环境的塑造作用

1. 地理环境是区域文化形成的基础与背景

地理环境是区域文化孕育的摇篮，其多样性为区域文化赋予了独特的色彩。以沙漠地区为例,干旱的气候和稀缺的水资源构成了这里生存的挑战。在这样的环境下,节水与耐旱技术成为文化中的核心要素。人们通过建造具有防风固沙功能的建筑,发展出适应极端气候的农业技术,如滴灌、旱作农业等。这些技术不仅保障了生存,更逐渐内化为区域文化的一部分,形成了对自然资源的珍视与高效利用的文化传统。建筑风格上,厚重的墙体、小巧的窗户,以及利用地形进行自然通风的设计,都是对沙漠环境适应性的体现,彰显了人与自然和谐共生的智慧。相比之下,沿海地区则因其丰富的海洋资源而展现出截然不同的文化特征。这里,渔业和航海技术成为文化的重要组成部分,人们依海而生,靠海而兴,发展出了精湛的捕鱼技艺和远航能力。海洋不仅提供了丰富的食物来源,还促进了对外贸易与文化交流,使得沿海地区的文化更加开放与多元。建筑风格上,海洋元素的融入,如船帆形状的屋顶、海螺装饰的栏杆,以及对海风、海潮的巧妙利用,都体现了海洋对区域文化的深刻影响。

2. 地理环境的封闭性或开放性对文化交流与融合的影响

地理环境的封闭性或开放性,如同文化的闸门,调节着外来文化的流入与本土文化的流出,影响着区域文化的保守性与开放性。封闭的山地或高原地区,由于自然屏障的阻隔,交通不便,信息流通缓慢,使得这里的文化相对保守,传统习俗得以较为完整地保存。这种封闭性在一定程度上保护了文化的原生性,使得古老的文化传统、民俗习惯、语言文字等得以延续,形成了独特的文化景观。然而,开放的平原或沿海地区,则因其地理位置的优越性,成为文化交流与融合的热点。这里,河流的交汇、港口的繁荣,为文化的交流提供了便利的条件。外来文化的涌入,如商品、技术、思想等,与本土文化相互碰撞、融合,形成了多元共融的文化特色。这种开放性不仅丰富了区域文化的内涵,也增强了其活力与包容性,使得区域文化在保持自身特色的同时不断吸收新的元素,呈现出动态发展的态势。

(二)历史传承的连续性

历史,是区域文化形成的土壤,也是其独特性的源泉。许多区域文化都有着悠久的历史渊源,这些渊源或源自古代的部落文化,或源自历史上的迁徙与融合,或源自特定历史时期的社会变革。这些历史元素,经过世代的沉淀与传承,逐渐形成了独特的文化传统和民俗习惯。这些传统和习惯,不是静止不变的，而是在历史的长河中不断演化、丰富，以适应时代的变化和社会的发展。历史传承的连续性，使得区域文化具有了一种深厚的底蕴和独特的韵味。这种底蕴，不仅体现在文化的物质层面，如建筑、服饰、饮食等，更体现在文化的精神层面，如价值观、审美观、思维方式等。

在历史传承的过程中，一些特定的文化元素逐渐凸显出来，成为区域文化的标志性符号。其中，传统节日、民间工艺、传统戏曲等尤为突出。传统节日，是区域文化的重要载体。它们不仅承载着历史的记忆和民族的情感，也体现了区域文化的独特性和多样性。每个节日都有其特定的起源、传说、习俗和活动，这些元素共同构成了节日的文化内涵。通过庆祝节日，人们不仅加深了对历史的认知和民族的认同，也传承和弘扬了区域文化的独特魅力。民间工艺，是区域文化的又一重要标志。它们以独特的手工艺技巧和审美情趣，展现了区域文化的创造力和艺术才华。无论是陶瓷、织锦、剪纸还是泥塑，每一种民间工艺都有其独特的风格和技艺，它们不仅是实用品，更是艺术品，是区域文化的重要组成部分。传统戏曲，则是区域文化的活化石。它们以独特的唱腔、表演和剧情，讲述了区域的历史故事和民族情感。传统戏曲不仅体现了区域文化的审美观念和艺术风格，也传承了区域的历史文化和民俗习惯。

（三）民族习俗的差异性

1. 区域文化多样性的重要源泉

民族习俗，是民族文化的外在表现，也是民族精神的内在体现。不同民族因其历史渊源、地理环境、生产方式和生活方式的差异，形成了各具特色的习俗文化。这些习俗文化，无论是节日庆典、婚丧嫁娶，还是饮食服饰、民间艺术，都蕴含着深厚的文化内涵和民族智慧。节日庆典，是民族习俗中最为显著的表现之一。每个民族都有其独特的节日体系，这些节日不仅承载着民族的历史记忆和情感体验，也展示了民族的文化特色和生活方式。如春节的热闹喜庆、中秋节的团圆思念、泼水节的清新欢乐等，都体现了不同民族对时间的认知和对生活的态度。婚丧嫁娶习俗，则是民族文化中最为细腻和深邃的部分。它们不仅反映了民族对生命、爱情和家庭的看法，也体现了民族对礼仪、道德和伦理的遵循。不同民族的婚丧嫁娶习俗各有千秋，有的注重仪式的庄重和神圣，有的强调情感的表达和交流，有的则注重社区的参与和分享。饮食服饰和民间艺术，也是民族习俗中不可或缺的部分。它们以独特的风味、样式和表现形式，展现了民族的审美观念和艺术才华。不同民族的饮食文化各有特色，有的注重口味的鲜美和营养的均衡，有的强调食材的新鲜和烹饪的技巧。而民族服饰和民间艺术，则以其独特的色彩、图案和工艺，彰显了民族的创造力和艺术魅力。这些民族习俗的差异性，构成了区域文化多样性的重要源泉。它们不仅丰富了区域文化的内涵和表现形式，也促进了不同民族之间的文化交流与融合。

2. 民族身份和认同感的重要体现

民族习俗，不仅是民族文化的外在表现，更是民族身份和认同感的重要体现。在多元共生的文化格局中，每个民族都通过其独特的习俗文化来彰显自己的民族特色和身份认同。这些习俗文化，如同民族的“名片”，让人们能够一眼识别出它们是属于哪个民族的文化特征。民族习俗的传承与发展，不仅关乎民族文化的延续与创新，也关乎民族身份和认同感的巩固与增强。通过传承民族习俗，人们能够加深对民族历史文化的了解和认同，增强对民族的归属感和自豪感。民族习俗的传承与发展也是民族文化自信的重要体现，它展示了民族文化的独特魅力和价值所在。

二、区域文化的多样性

（一）语言文字的多样性

语言文字的多样性，是区域文化多样性的直接体现。每个区域都有其独特的语言体系和文字符号，它们承载着该区域的文化信息、历史记忆与民族智慧。在语音层面，不同的语言展现出各异的音韵美，如汉语的四声韵律、英语的轻重音节对比，都体现了语言的地域特色。词汇和语法则是语言内容的构建基石，它们反映了区域文化的特定概念、思维方式和表达习惯。例如，某些地区的方言中特有的词汇，往往与当地的生活环境、历史传统紧密相连，成为区域文化的独特标识。文字书写，作为语言文字的物化形态，更是区域文化艺术的瑰宝。从甲骨文的神秘古朴，到楷书的端庄秀丽，再到草书的奔放不羁，每一种文字书写形式都蕴含着深厚的文化底蕴和审美价值。文学创作，则是语言文字艺术的集中展现，它通过诗歌、小说、戏剧等多种形式，传达着区域的文化观念、情感体验和人生哲理。民间传说，作为口头传承的文化遗产，也依赖于语言文字得以保存和传播，它们讲述了区域的历史故事、民族英雄和道德观念,是区域文化不可或缺的一部分。

语言文字不仅是区域文化的表现形式,更是增进跨区域理解与尊重的重要桥梁。学习和使用不同的语言文字,使人们能够跨越文化的界限,深入了解其他区域的文化内涵和历史背景。通过语言的交流,人们可以直接感受到不同文化的思维方式和表达习惯,从而增进对异域文化的理解和尊重。在全球化日益加深的今天,语言文字的桥梁作用显得尤为重要。它促进了不同文化之间的对话与合作,为构建人类命运共同体提供了可能。通过学习外语,人们可以拓宽视野,增强跨文化交际能力,为国际交流与合作奠定基础。对异域语言文字的尊重和保护,也是维护文化多样性的重要体现,有助于促进世界文化的繁荣与发展。

(二)艺术形式的多样性

艺术形式的多样性,是区域文化多样性的直观体现。每个区域都有其独特的艺术风格和表现手法,这些艺术形式不仅承载着区域的历史记忆和文化传统,更以其独特的审美观念影响着人们的精神世界。绘画和雕塑,作为视觉艺术的代表,通过线条、色彩、形状等视觉元素,展现了区域文化的独特韵味和审美追求。不同区域的绘画作品,可能在构图、色彩运用、主题选择等方面呈现出截然不同的风格,如东方绘画的写意与西方绘画的写实,都各自体现了深厚的文化底蕴。音乐、舞蹈和戏曲,则是听觉与视觉相结合的艺术形式,它们以旋律、节奏、动作和剧情为表现手段,传达着区域文化的情感与故事。不同区域的音乐,可能有着独特的音阶、乐器和演奏方式,如非洲鼓乐的热烈奔放、中国古典音乐的悠扬婉转,都展现了各自区域的音乐特色。舞蹈和戏曲则通过身体语言和剧情表演,将区域文化的历史故事、民俗风情和道德观念生动地呈现在观众面前。

值得注意的是,同一区域内的艺术形式往往受到不同民族和地域文化的影响,形成多样化的艺术风貌。这种影响可能体现在艺术风格、表现手法和创作主题上,使得同一区域内的艺术形式呈现出丰富多样的面貌。这种多样性不仅增强了区域文化的魅力,也促进了不同文化之间的交流与融合。

艺术不仅是区域文化的展示窗口,更是人们的创造力和艺术才华的展现舞台。每一种艺术形式都是艺术家们智慧的结晶,他们通过独特的视角和表现手法,将内心的情感、思考和想象转化为艺术作品,让观众在欣赏的过程中感受到艺术的魅力和力量。在艺术创作过程中,艺术家们不断探索新的表现手法和创作主题,挑战传统的艺术规范,推动艺术形式的创新性发展。这种创造力不仅体现在艺术作品的独特性和新颖性上,更体现在艺术家们对区域文化的深入挖掘和传承上。他们通过艺术作品,将区域文化的精髓和特色传递给更多的人,让区域文化在更广阔的舞台上得到展示和传承。综上所述,艺术作为区域文化的重要展示窗口和人们创造力与艺术才华的展现舞台,以其独特的魅力和多样性丰富了人类的文化生活。

(三)民俗风情的多样性

民俗风情,是区域文化独特性的鲜明标志,它深深植根于特定地域的历史脉络、自然环境与社会结构之中,通过一系列独特的民俗习惯、节日庆典和民间传说等形式,生动展现了区域文化的个性与风貌。服饰,作为民俗风情的外在表现,不仅反映了区域的气候条件、生产生活方式,更蕴含了深厚的文化意义与审美追求。不同区域的服饰风格各异,有的色彩斑斓、图案繁复,体现了民族的热情与活力;有的则简约大方、线条流畅,彰显了地域的沉稳与内敛。饮食与居住习俗,同样是民俗风情的重要组成部分,它们直接关联着人们的日常生活,深刻反映了区域的文化传统与生活方式。特定的饮食习惯、烹饪技法以及食材选择,不仅满足了人们的生理需求,更在味觉上构建了区域文化的独特标识。而居住建筑的风格、布局与装饰,则体现了人与自然环境的和谐共生,以及区域文化的审美倾向与空间观念。此外,民间工艺作为民俗风情的又一重要载体,以其精湛的技艺、独特的造型与丰富的内涵,展现了区域文化的创造力与智慧。无论是陶瓷、织锦、剪纸还是木雕,每一种民间工艺都承载着区域的历史记忆与文化传承,是区域文化不可或缺的重要组成部分。

民俗风情不仅构成了区域文化的独特性,更是丰富人们日常生活的文化源泉。节日庆典,作为民俗风情中的亮点,以其热闹的氛围、丰富的活动与深厚的文化内涵,为人们的生活增添了无尽的乐趣与色彩。无论是春节的团圆喜庆、中秋的赏月思乡,还是端午的龙舟竞渡、重阳的登高望远,每一个节日都承载着人们对美好生活的向往与追求,增强了社区的凝聚力与归属感。民俗风情中的民间传说与故事,以其奇幻的情节、深刻的寓意与生动的形象,丰富了人们的精神世界,激发了人们的想象力与创造力。这些传说与故事,不仅是对历史的回忆与重构,更是对现实的解释与期待,它们在代代相传中,不断滋养着人们的心灵，塑造着区域文化的精神面貌。综上所述，民俗风情作为区域文化独特性的重要体现与丰富人们日常生活的文化源泉，以其多样的形式与深厚的内涵，彰显了人类文明的多样性与独特性。我们应当珍视与保护这份宝贵的文化遗产，让民俗风情在现代化进程中继续焕发新的生机与活力。

（四）经济发展模式的多样性

经济发展模式，作为区域经济社会活动的核心框架，深刻地影响着区域文化的形成和发展。不同的经济产业结构，孕育了不同的文化特征和社会风貌。以农业为主导产业的地区，其经济发展模式往往与土地、自然和季节紧密相连，形成了独特的农耕文化和乡村景观。这种文化模式下，人们崇尚自然、敬畏天地，注重和谐共生，形成了勤劳、朴实、节俭的文化传统。乡村景观则以其宁静、优美、生态良好的特点，成为区域文化的重要组成部分。相比之下，以工业或服务业为主导产业的地区，其经济发展模式则更加现代化、城市化。工业化进程推动了城市化的快速发展，形成了现代化的城市文化和都市景观。这种文化模式下，人们追求效率、创新、竞争，注重科技、教育和文化的多元化发展。都市景观则以其繁华、忙碌、多元的特点，展现了区域文化的现代气息和活力。经济发展模式的多样性，使得不同区域的文化特征和社会风貌各具特色，丰富了人类文化的多样性。经济发展模式也与区域文化相互作用、相互影响，共同推动了区域的经济社会发展。

经济发展模式的多样性，不仅体现了区域的经济实力和发展潜力，更促进了区域间的经济交流与合作。不同区域之间通过经济交流，可以互相学习、互相借鉴，共同推动经济社会的进步。这种交流不仅限于物质层面的商品、资金、技术的流动，更包括精神层面的文化、观念、制度的传播。经济发展模式的多样性也丰富了区域文化的内涵和表现形式。不同区域之间的文化交流与融合，使得区域文化更加开放、包容、多元。这种文化的交流与融合，不仅促进了区域文化的创新性发展，也增强了区域文化的吸引力和影响力。

第三节 区域文化的教育价值与社会功能

一、区域文化的教育价值

(一)促进个体身份认同与自豪感

个体通过系统学习和深入了解本地区的文化传统、历史沿革、风俗习惯等丰富内涵,能够逐步构建起对自身所属文化群体的深刻认知与独特理解。这一过程不仅涉及对文化表象的感知,更触及文化精髓的领悟,使个体能够清晰地认识到自己文化身份的独特性与不可替代的价值。在此基础上,个体对家乡的归属感与自豪感得以显著增强。这种情感并非凭空产生,而是源于对本土文化深刻认同的内在驱动。当个体深刻体会到自己文化群体的独特魅力与深厚底蕴时,自然会萌发出对家乡的深厚情感,这种情感既是对过去的缅怀,也是对未来的期许,它像一根纽带,将个体与家乡紧紧相连。进一步而言,这种认同感对个体心理结构的稳定与发展具有积极作用。它帮助个体在多元文化环境中找到自己的定位,明确自己的文化身份,从而避免文化认同的迷茫与困惑。这种认同感还激发了个体对本土文化的热爱与保护意识。个体开始更加珍视自己的文化遗产,愿意为文化的传承与发展贡献自己的力量。因此,区域文化在个体身份认同中的基石作用不仅体现在认知层面,更体现在情感与行为层面。它为文化传承与发展奠定了坚实的群众基础,使得文化能够在一代又一代人的传承中保持其独特性与生命力。

(二)丰富教育内容与方法

区域文化,作为一方水土的精神瑰宝,为教育体系注入了丰富而多样的教学资源与素材,其教育价值不可估量。将地方历史、民俗故事、传统艺术等独具特色的文化元素有机融入学校课程之中,不仅极大地拓宽了学生的知识视野,使他们能够在课堂上领略到本土文化的独特魅力,还显著增强了教学的趣味性和实效性。具体而言,可精心组织地方史讲座,邀请熟知地方历史的专家学者为学生们讲述那些鲜为人知的历史故事,让学生在聆听中感受历史的厚重与文化的深邃。民间艺术展示活动的举办,如剪纸、泥塑、戏曲表演等,让学生近距离接触到传统文化的精髓,激发他们对民间艺术的兴趣与热爱。而传统节日的庆祝活动,更是让学生们在实践中体验文化的传承与创新,如春节的饺子制作、端午的粽子包裹、中秋的月饼烘焙等,这些活动不仅增进了学生对传统节日的了解,也培养了他们的动手能力和团队协作精神。此外,区域文化的多样性还为教育方法的创新提供了无限可能。教师可以根据地方文化的特色,采用情境教学、项目式学习等新型教学模式,将课堂搬到实地,让学生在真实的文化环境中探索、学习。这种贴近学生生活实际的教学方式,不仅增强了教学的直观性和互动性,也极大地提高了学生的学习积极性和参与度,从而有效提升了他们的综合素质和创新能力。

(三)培养跨文化交流与理解能力

在全球化浪潮日益汹涌的今天,跨文化交流与理解能力已经成为个体必备的核心素养之一,其重要性越发凸显。区域文化,作为地域特色与精神风貌的集中体现,为个体培养开放包容的心态提供了丰富的土壤。通过学习和深入了解本地文化,个体不仅能够深刻领悟到本土文化的独特韵味与深厚底蕴,还能在这一过程中逐渐形成一种尊重差异、包容多样的文化心态。区域文化的学习不仅仅是一种知识的积累,更是一种思维的拓展和视野的开阔。在比较本地文化与外地乃至国外文化的异同的过程中,学生得以跨越地域和文化的界限,以更加多元和全面的视角去审视和理解不同文化背景下的思想观念、行为习惯和社会现象。这种跨文化的比较学习,不仅有助于学生拓宽认知边界,还能激发他们的好奇心和探索欲,使他们更加积极地投身于文化的探索与交流之中。区域文化的学习还能够显著增强学生的文化敏感性和适应性。在多元文化的碰撞与交融中,学生需要具备敏锐的文化洞察力,以准确捕捉不同文化之间的细微差异,并在此基础上调整自己的思维方式和行为模式,以适应不同文化环境下的社交规范和交流方式。这种文化敏感性和适应性的培养,不仅有助于学生在国际交流中更加自信地展示自己的文化特色,还能使他们更加尊重和理解他人的文化背景,为未来的国际合作与交流打下坚实的基础。

(四)促进终身学习与社区参与

区域文化的学习,实则是一个贯穿个体生命历程的持续过程,它不仅仅局限于学校教育或特定时段的学习,还鼓励个体在一生的时光中,不断地探索、挖掘和学习本土文化的深层次内涵。这一过程既是对文化传统的传承，也是对个体精神世界的滋养，使个体在文化的熏陶下，逐渐形成独特的文化认同和价值观。区域文化活动，作为文化传承的重要载体，往往与社区生活紧密相连，共同编织着社区的文化脉络。诸如社区节庆、志愿服务、文化遗产保护等一系列活动，不仅为居民的业余生活增添了丰富多彩的元素，还在无形中促进了社区成员之间的交流与合作。在这些活动中，人们以文化为纽带，相互了解、相互支持，共同为社区的繁荣与发展贡献自己的力量。通过积极参与这些区域文化活动，个体不仅能够在实践中学习到新知识、新技能，还能在活动中培养起强烈的社会责任感。在志愿服务中，个体学会关爱他人、奉献社会；在文化遗产保护中，个体意识到文化传承的重要性，激发起对本土文化的热爱与保护之情。这些实践经历，不仅丰富了个体的精神世界，也提升了他们的社会实践能力。更为重要的是，通过参与区域文化活动，个体能够在实现个人价值的同时也为社会价值的创造贡献力量。这种个人价值与社会价值的统一，不仅体现了个体对社会的归属感与责任感，也彰显了区域文化在促进社区和谐、增强社区凝聚力方面的独特作用。

二、区域文化的社会功能

（一）增强社会凝聚力与稳定性

区域文化，作为一种深植于地域土壤中的共同精神纽带，其力量在于能够将社区成员紧密地联结在一起，形成一种强烈的地域认同感和集体意识。这种认同感，是社区成员在长期共同生活、相互交往中，通过对本土文化的共享、传承与创新而逐渐形成的，它深深植根于人们的内心深处，成为社区成员相互认同、相互依存的精神基石。地域认同感和集体意识的增强，对于减少社会冲突、维护社会稳定具有不可估量的作用。在多元化的社会环境中，不同群体间难免存在文化差异和利益诉求的分歧。然而，共同的文化背景为社区成员提供了一个沟通与交流的平台，使得他们能够在尊重差异的基础上，寻求共识，化解矛盾，从而有效减少社会冲突的发生。尤为重要的是，在面临外部挑战或危机时，共同的文化背景能够激发人们的团结精神，成为社区成员共同应对困难、维护社会和谐的强大动力。当社区遭遇自然灾害或其他突发事件时，正是这种深厚的地域认同感和集体意识，促使社区成员迅速团结起来，相互支持，共同抵御风险,恢复社会秩序。

(二)推动经济发展与旅游开发

一个地区的文化资源和特色景观,往往成为吸引国内外游客的磁石,尤其是那些拥有深厚历史文化底蕴的名城、独具特色的民族风情村落等,更是以其独特的魅力,成为文化旅游的热门目的地。科学规划和有效开发这些文化旅游资源,不仅可以促进当地经济结构的优化升级,实现由传统产业向现代服务业的转型,还能带动一系列相关产业的蓬勃发展。具体而言,文化旅游的兴盛直接促进了餐饮、住宿、交通、手工艺品制作与销售等行业的繁荣。这些行业与文化旅游形成产业链,相互依存,共同发展。游客数量的增加,对当地特色美食、民宿住宿、手工艺品的需求也随之上升,从而创造了大量的就业机会,提高了居民的收入水平,促进了地方经济的持续增长。此外,区域文化的传播与弘扬,还极大地提升了地方的知名度和美誉度。一个地区的文化特色越鲜明,其对外界的吸引力就越大。这种知名度的提升,不仅有助于吸引更多的游客前来观光旅游,还为地方吸引了大量的外来投资。投资者往往更倾向于选择那些文化底蕴深厚、发展潜力大的地区进行投资,因为这样的地区更有可能形成独特的品牌效应,促进经济合作交流,为地方经济的长远发展注入新的活力。

(三)提升文化传承与创新

区域文化,作为民族文化宝库中的璀璨瑰宝,蕴含着丰富多样的历史信息与深邃的智慧结晶。它是特定地域内人民长期生活实践与精神追求的集中体现,承载着民族的记忆与情感,是文化多样性的重要组成部分。为了确保这一宝贵文化遗产的血脉得以延续,通过教育、媒体、节庆活动等多种途径的传播显得尤为重要。教育体系在文化传承中发挥着基础性作用,将区域文化融入学校教育内容,不仅能够增强学生的文化认同感,还能培养他们对传统文化的兴趣与尊重,从而实现文化的代际传承。媒体作为信息传播的重要渠道,通过影视作品、纪录片、网络平台等多种形式,将区域文化的魅力传递给更广泛的受众,扩大了文化的影响力。而节庆活动则是文化展示与交流的生动舞台,通过节日庆典、民俗表演等活动,让人们在参与中体验文化的魅力,加深了对文化的理解与认同。区域文化在与现代文化的交融中,展现出强大的生命力与适应性。它不断吸收新元素，与现代科技、审美观念等相结合，进行创造性转化，使传统文化在新时代背景下焕发新的生机与活力。这种文化的传承与创新，不仅丰富了文化生态，促进了文化多样性的发展，还为文化产业的繁荣发展提供了不竭的源泉。

(四)提升社会文明程度与软实力

文化作为社会的灵魂和精神支柱，其普及与传播对于塑造公民的文化素养和审美能力至关重要。通过系统地普及文化知识，举办丰富多样的文化讲座、展览、演出等活动，不仅能够拓宽公众的文化视野，增进其对文化精髓的理解与领悟，还能够在潜移默化中培养良好的社会风气，促进社会的和谐与进步。文化讲座以其深入浅出的讲解，引导公众探索文化的深度与广度；展览则以直观生动的方式，展现文化的多样性和独特性；演出则是文化活力的直接体现，让公众在欣赏中感受到文化的魅力与力量。这些活动共同作用于公众的文化素养提升，为构建文明、和谐的社会环境奠定了坚实的基础。区域文化作为软实力的重要组成部分，是展示地方形象、提升国际影响力的关键途径。一个地域的文化特色，往往成为其在国际舞台上脱颖而出的独特标识。拥有独特魅力和深厚文化底蕴的地方，能够以其文化的独特性和吸引力，赢得国际社会的广泛认可和尊重。这种文化的国际影响力，不仅提升了地方的知名度和美誉度，还为地方发展赢得了更多的国际机遇和合作空间。

第四节　区域文化在高职教育中的潜力挖掘

一、区域文化作为教育资源的潜力

(一)丰富教学内容

区域文化作为特定地域内历史积淀与民俗风情的结晶，蕴含着极为丰富的历史信息、独特的民俗风情以及多样的艺术形式，这些元素共同构成了高职教育中不可或缺且极为宝贵的教学资源。在高职教育的课程体系构建中，积极融入区域文化元素，不仅是对教育资源的一种深度挖掘，更是对教育模式的一种创新尝试。具体而言，可以通过开设地方历史文化课程，系统地向学生传授本土的历史沿革、文化特色以及社会变迁,使学生在了解地方历史脉络的过程中,增强对本土文化的认同感和自豪感。民俗艺术课程的设置,则能够让学生亲身体验到民间艺术的魅力,如传统手工艺、民间音乐舞蹈等,这些课程不仅丰富了学生的艺术修养,还激发了他们对传统文化的兴趣与热爱。此外,地方经济地理课程的开设,则是将区域文化与经济学、地理学等多学科知识相融合,使学生能够从更广阔的视角理解地方经济的发展规律与地域特色。这种跨学科的课程设置方式,不仅拓宽了学生的知识视野,还提高了他们运用所学知识解决实际问题的能力。

(二)提升教学质量

区域文化中蕴含的实践元素,如传统手工艺、民间艺术表演等,为高职教育提供了极为丰富的实践教学资源。这些实践元素不仅承载着深厚的历史文化底蕴,还为学生搭建了一个将理论知识与实际操作紧密结合的平台。通过积极参与区域文化实践活动,学生得以亲身体验传统手工艺的精湛技艺,如陶瓷制作、刺绣编织等,这些活动要求学生动手操作,从而在实践中深化对材料、工艺、设计等方面的理解。民间艺术表演如戏曲、舞蹈、民乐等,也为学生提供了展示自我、锻炼表演技巧的舞台。在这些实践活动中,学生将课堂所学的理论知识应用于实际操作中,不仅提升了动手能力,还培养了解决实际问题的能力。更为重要的是,区域文化中的创新思维和工匠精神对学生产生了深远的影响。传统手工艺和民间艺术表演背后,是匠人们对技艺的不断钻研和创新,这种精神激励着学生敢于尝试、勇于突破。在参与实践活动的过程中,学生学会了如何在传承中创新,在创新中发展,这不仅激发了他们的创新意识,还培育了职业精神,使他们更加明白精益求精、追求卓越的重要性。

二、区域文化在人才培养中的潜力

(一)培养具有地方特色的技术技能人才

高职教育,作为高等教育体系中的重要组成部分,其核心目标在于培养具备高素质的技术技能人才。这一培养目标不仅强调了专业技能的掌握,还隐含了对人才综合素质的全面提升要求。而区域文化,作为特定地域内历史、民俗、艺术等多方面的综合体现,为高职教育的人才培养目标提供了独特且丰富的地域特色资源。通过深入挖掘和融入区域文化元素,高职教育能够构建出更具地方特色的教学体系和实践平台。学生在掌握专业技能的同时也能充分接触和理解本土文化,从而培养出既精通专业技术,又熟悉本土文化背景、深谙地方发展需求的技术技能人才。这种人才培养模式不仅注重学生的专业技能训练,更强调其文化素养和地方意识的培育,使得学生在未来的职业生涯中能够更好地融入地方社会,服务地方经济发展。这些融合了区域文化元素的技术技能人才,在地方经济建设中展现出了更强的适应性和竞争力。他们不仅具备扎实的专业技能,能够迅速适应地方产业的技术需求,还因其对本土文化的深刻理解和热爱,能够在产品创新、服务设计等方面融入地方特色,提升产品和服务的文化内涵和附加值。他们对地方发展需求的敏锐洞察,也使他们能够在地方经济转型升级、文化产业发展等方面发挥积极作用,成为推动地方经济社会发展的重要力量。

(二)增强学生的文化素养和跨文化交际能力

区域文化的学习,在高职教育体系中占据着举足轻重的地位,其价值远不止于文化传承本身,更在于对学生文化素养的全面提升以及跨文化交际能力的有效培养。在全球化浪潮席卷全球的今天,跨文化交际能力已成为衡量高素质人才的重要标尺之一,它要求个体能够在多元文化的环境中自如地交流、合作,共同应对全球性挑战。通过深入学习和了解不同地区的区域文化,学生不仅能够拓宽视野,增长见识,更能在对比中深刻理解文化的多样性与独特性。这一过程不仅丰富了学生的文化内涵,提升了他们的文化素养,更重要的是,它促使学生在认知层面建立起对不同文化的尊重与包容,为跨文化交际奠定了坚实的思想基础。进一步而言,区域文化的学习为学生提供了实践跨文化交际能力的宝贵机会。在了解不同文化习俗、价值观念和行为规范的过程中,学生学会了如何以开放的心态去倾听、去理解,进而在跨文化交流中做到言之有物、行之有礼。这种能力的培养,不仅体现在语言交流的层面,更体现在非语言沟通、文化适应、冲突解决等多个维度,使学生能够在国际舞台上更加自信地展现自我,有效地与来自不同文化背景的人进行沟通和合作。

三、区域文化在高职教育社会服务中的潜力

(一)促进区域文化传承与创新

高职教育,作为文化传承与创新的关键环节,承载着挖掘与传承区域文化的重任。其不仅是一个传授专业知识与技能的场所,更是一个促进文化多样性保护与创新发展的重要阵地。鉴于区域文化独特的价值与意义,高职教育有责任也有义务通过多种形式,深入挖掘并有效传承这一宝贵的文化遗产。具体而言,高职教育可以通过开设一系列与区域文化紧密相关的课程,如地方史、民俗文化、传统艺术等,将区域文化的精髓融入教学体系之中,使学生在学习专业知识时也能深刻领略到区域文化的魅力与深邃。此外,举办丰富多彩的文化活动,如文化节庆、民间艺术展览、传统技艺展示等,也是高职教育推动区域文化传承与创新的有效途径。这些活动不仅能够增强学生的文化认同感,还能激发他们的文化创新意识。更进一步,高职教育应积极寻求与地方政府、文化机构等外部主体的合作,共同开展文化遗产保护工作。通过资源共享、优势互补,可以更有效地对濒危文化遗产进行抢救性记录与保护,同时促进文化遗产的活化利用。此外,高职教育还可以与文化产业深度融合,发挥其在人才培养、技术创新等方面的优势,为区域文化产业的发展提供智力支持与人才保障,推动区域文化产业的繁荣与发展。

(二)提升区域经济竞争力

区域文化,作为区域软实力的核心构成要素,其独特的魅力和深厚的底蕴,对于提升地方经济竞争力具有不可估量的作用。在全球化日益加深的今天,区域文化的特色与优势已成为地方经济差异化发展的重要驱动力。高职教育,作为地方人才培养的重要基地,承担着为地方经济发展输送具有地方特色技术技能人才的重任。通过紧密结合区域文化特色,高职教育可以构建起独具特色的专业课程体系和实践教学平台,培养出既掌握专业技能,又深谙区域文化内涵的技术技能人才。这些人才不仅具备扎实的专业知识,更拥有对区域文化的深刻理解和创新运用能力,能够为地方经济发展提供有力的人才支撑和智力保障。此外,高职教育还应积极拓展与外部主体的合作,特别是与地方政府、企业的深度合作。通过共同开发具有地方特色的文化产品和服务,高职教育可以将区域文化的资源优势转化为经济优势,推动区域文化产业的

繁荣发展。这种合作模式不仅有助于区域文化资源的深入挖掘和有效利用，还能够促进高职教育与地方经济的深度融合，形成产教融合、校企合作的良好生态。

四、区域文化在高职教育国际化中的潜力

（一）增强高职教育的国际吸引力

区域文化作为高职教育体系中一抹独特的文化标识，蕴含着丰富的地方特色和深厚的文化底蕴，为高职教育的国际化进程增添了独特的魅力与吸引力。在全球化日益加速的今天，高职教育的国际化不仅是提升教育质量的重要途径，也是增强国家文化软实力、扩大国际影响力的重要手段。展示和推广区域文化，成为高职教育吸引国际学生的一大亮点。通过开设具有地方特色的课程、举办丰富多彩的文化活动，以及在校园中营造浓厚的区域文化氛围，高职教育能够向国际学生展示中国各地独特的文化风貌和民俗风情。这些独具特色的文化元素不仅能够激发国际学生的好奇心和求知欲，还能够增强他们对中国文化的认同感和归属感，从而吸引更多国际学生来中国学习，进一步提升高职教育的国际知名度和影响力。高职教育还应积极利用国际交流与合作的平台，将区域文化推向世界舞台。通过与国际院校、文化机构等建立合作关系，共同开展文化交流项目、学术研讨会议等活动，高职教育可以搭建起一座座文化交流的桥梁，促进区域文化的国际传播与交流。这种跨文化的互动不仅有助于增进世界对中国文化的了解和认识，还能够推动高职教育与国际接轨，提升其国际竞争力。

（二）促进国际学生跨文化适应

对于国际学生而言，了解和学习区域文化不仅是他们适应中国生活、融入中国社会的关键一环，也是拓展其全球视野、提升跨文化交际能力的重要途径。区域文化，作为中国多元文化的重要组成部分，蕴含着丰富的历史积淀、民俗风情和地域特色，为国际学生提供了一个深入了解中国社会的独特窗口。高职教育，作为国际学生教育的重要阶段，承担着帮助国际学生适应新环境、融入新文化的重任。为此，高职教育可以通过开设一系列具有地方特色的区域文化课程，如地方历史、民俗文化、传统艺术赏析等，为国际学生提供系统、

全面的区域文化知识体系。这些课程不仅能够满足国际学生对中国文化的好奇心和求知欲，还能够帮助他们更好地理解中国社会的文化逻辑和行为习惯。此外，高职教育还应举办丰富多彩的文化活动，如文化节庆体验、民间艺术展示、传统手工艺制作等，为国际学生提供亲身参与、亲身体验的机会。通过这些活动，国际学生可以近距离感受中国区域文化的魅力，加深对中国文化的理解和认同，从而提高他们的跨文化适应能力和综合素质。

五、区域文化在高职教育中的实施策略

（一）构建区域文化课程体系

高职教育作为与地方经济社会发展紧密相连的教育类型，应当充分挖掘和利用地方区域文化的独特资源，构建具有鲜明地方特色的区域文化课程体系。这一课程体系的构建，不仅要求将区域文化作为独立的课程内容加以开设，更需将其精髓和元素融入专业课程设置中，形成既体现专业特色又彰显区域文化魅力的课程体系。在具体实施上，高职教育应首先对地方区域文化进行深入调研和分析，提炼出具有代表性的文化元素和特色，如地方历史、民俗传统、艺术风格等。随后，将这些文化元素与专业课程内容相结合，设计出既符合专业教学要求又富含区域文化特色的课程模块。例如，在旅游管理专业中融入地方旅游文化资源的介绍与开发，在艺术设计专业中融入地方传统艺术元素的运用与创新等。高职教育还应加强区域文化课程与其他学科课程的融合与渗透，通过跨学科的教学方法和手段，实现区域文化与其他学科课程的有机结合，促进学生在掌握专业知识时也能深刻理解和领悟区域文化的内涵和价值。这种融合与渗透不仅有助于拓宽学生的知识视野，还能激发学生的创新思维和实践能力，培养出既具有专业素养又具备区域文化情怀的高素质人才。

（二）强化师资队伍建设

教师在高职教育中扮演着区域文化的传播者和实践者的关键角色，他们不仅是知识的传递者，更是文化精神的传承者。因此，加强师资队伍建设，提高教师的区域文化素养和教学能力，对于高职教育有效融入和传播区域文化具有至关重要的意义。为了实现这一目标，高职教育应首先注重教师的区域

文化培训。通过组织系统性的培训课程,引导教师深入了解和研究地方区域文化的历史渊源、特色内涵及发展现状,增强他们对区域文化的认同感和归属感。培训还应涵盖教学方法和技巧,帮助教师将区域文化元素巧妙地融入课堂教学,提高教学的趣味性和实效性。此外,高职教育还应积极引进具有深厚区域文化底蕴的优秀人才充实师资队伍。通过引进在区域文化研究、传承和创新方面有显著成就的专家学者,以及具有丰富实践经验的民间艺人等,为高职教育注入新的活力和动力。这些人才的加入,不仅能够丰富教学内容,提升教学质量,还能够促进师生之间的文化交流与互动,营造良好的区域文化氛围。

(三)校园文化活动多元化

校园文化活动作为高职教育体系中的一个重要组成部分,不仅是学生课余生活的重要构成,更是区域文化在高职教育中得以展示和传播的重要平台。高职教育应充分认识到校园文化活动在传承和弘扬区域文化中的独特作用,不断丰富和创新校园文化活动的形式和内容,以更加生动、直观的方式展现区域文化的魅力与力量。具体而言,高职教育可以结合地方区域文化的特色,举办一系列具有鲜明地方特色的文化活动。例如,通过举办文化节,集中展示地方的传统手工艺、民俗风情、特色美食等,让学生在参与中亲身体验到区域文化的独特韵味;通过艺术展览,展出地方艺术家的作品,让学生领略到地方艺术的独特魅力和创新精神;通过民俗表演,如地方戏曲、民间舞蹈等,让学生感受到区域文化的生动活力和传承价值。这些具有地方特色的文化活动,不仅能够丰富学生的校园文化生活,增强学生的文化认同感和归属感,还能够激发学生对区域文化的兴趣和热爱,培养他们的文化自信和文化传承意识。这些活动也为师生提供了一个展示和交流的平台,促进了师生之间的文化交流与互动,增强了校园文化的多元性和包容性。

(四)加强校企合作与产学研结合

校企合作与产学研结合,作为高职教育与实践领域紧密相连的桥梁,为区域文化在高职教育中的有效实施提供了重要途径。高职教育应积极响应地方经济社会发展的需求,加强与地方企业、文化机构的深度合作与交流,共同探索区域文化的研究、传承与创新之路。具体而言,高职教育应与企业携手,共同开展区域文化的深度挖掘与整理工作。通过校企合作项目，组织师生深入企业、文化机构进行实地考察与调研，收集并整理地方区域文化的珍贵资料，为区域文化的传承与创新提供坚实的基础。双方可共同研发具有地方特色的文化课程与教学资源，将区域文化融入高职教育的教学体系中，培养学生的文化自觉与文化创新能力。此外，高职教育还应加强产学研结合，推动区域文化成果的转化与应用。通过与地方企业、文化机构的紧密合作，将区域文化的研究成果转化为具有市场竞争力的文化产品与服务，如文化旅游项目、文化创意产品等。这不仅能够促进区域文化产业的繁荣发展，还能够为学生提供更多的实践机会与就业平台，实现教育与产业的深度融合。

第二章　高职院校育人的现状与挑战分析

第一节　高职院校育人的目标与任务

一、高职院校育人的目标

（一）高职院校育人的总体目标

1. 培养全面发展的技术技能型人才

高职院校育人的首要目标是培养全面发展的技术技能型人才，这一目标具有深远的意义和内涵。它不仅仅要求学生掌握扎实的专业知识与技能，这是技术技能型人才的基本素养，更是强调学生在品德、体魄、审美及劳动实践能力等方面的全面发展。高尚的品德是人才成长的基石，它关乎学生的道德观念、价值取向和社会责任感的培养；健康的体魄则是学生承受学习压力、应对未来职业挑战的身体基础；良好的审美能力能够提升学生的文化素养，使其具备更高的艺术鉴赏力和创造力；而劳动实践能力则是将理论知识转化为实际生产力的重要环节，是学生适应社会发展、实现个人价值的必备能力。这一目标的实现，既是对国家教育基本要求的积极响应，也是高职院校作为教育体系重要组成部分的应有之义。高职院校应秉持全面发展的教育理念，通过优化课程设置、强化实践教学、加强德育与体育教育、拓展审美教育途径等多种方式，努力培养出具备专业知识技能与全面发展素质相结合的技术技能型人才。

2. 适应市场需求与产业升级

高职院校育人的目标必须与市场需求和产业升级保持紧密对接，这是高等职业教育发展的内在逻辑和必然要求。在经济快速发展的背景下，产业结构不断调整优化，新兴行业层出不穷，传统行业也面临着转型升级的挑战，社会对人才的需求随之呈现出多元化、动态化的特点。高职院校作为培养技术技能型人才的重要阵地，必须密切关注市场动态，深入洞察行业发展趋势和就业市场需求的变化。在此基础上,高职院校应灵活调整专业设置,优化课程结构,确保所培养的人才能够紧跟行业发展的步伐,掌握前沿的技术和知识。高职院校还应注重培养学生的就业竞争力和职业发展潜力,通过加强实践教学、校企合作、实习实训等方式,提升学生的实际操作能力和职业素养,使其具备适应市场变化、满足行业需求的能力。

(二)高职院校育人的具体目标

1. 专业知识与技能的培养

高职院校育人的首要具体目标,明确聚焦于培养学生的专业知识和技能,这一目标是高等职业教育本质的直接体现,也是其区别于其他教育类型的显著特征。它要求学生不仅要系统学习并掌握本专业的核心课程与基础知识,形成坚实的理论根基,更需具备将所学理论知识有效应用于实际工作中的能力,实现理论与实践的深度融合。为实现这一目标,高职院校应采取多元化、全方位的教学策略。理论教学是基石,通过系统的课堂讲授,使学生全面掌握专业理论框架;实践教学是桥梁,通过模拟真实工作场景,让学生在操作中深化理解;实习实训则是试练场,让学生在企业真实环境中历练,将知识转化为技能。高职院校应充分利用校内外资源,构建产学研用一体化的教育体系,确保学生能够在实践中锤炼技能,在实战中积累经验。

2. 职业素养与职业能力的培养

职业素养和职业能力是高职院校育人体系中不可或缺的重要目标之一,它们共同构成了学生未来职业生涯成功的关键要素。这一目标要求学生不仅要在专业知识领域打下坚实的基础,更要具备一系列高标准的职业素养,包括但不限于职业道德的坚守、职业精神的弘扬以及良好职业习惯的养成。职业道德是职业行为的准则,职业精神是职业发展的动力,而职业习惯则是职业效率与质量的保障。学生还需具备较强的职业能力,这涵盖了沟通协作的娴熟技巧、问题解决的高效方法、创新思维的活跃以及创业能力的初步具备。为达成此目标,高职院校需采取多维度、多层次的培育策略,通过企业文化进校园的文化熏陶活动,深化学生对职业规范的理解;通过系统化的职业素养培育课程,塑造学生的职业品格;通过丰富多样的实践教学活动,如项目合作、实习实训等,锻炼学生的实际操作能力,激发其职业潜能。

3. 实践能力与创新能力的培养

实践能力和创新能力是高职院校育人理念中的核心目标之一，它们共同构成了学生适应未来社会发展和职业变迁的关键能力体系。这一目标明确要求学生不仅需掌握扎实的理论知识，形成坚实的学术基础，更应具备将所学理论知识灵活应用于实际工作中的能力，实现理论与实践的有机融合。高职院校在此过程中扮演着至关重要的角色，应注重实践教学环节的科学设计和有效实施。通过精心设计的实验教学，使学生掌握基本的实验技能和方法；通过实训教学，模拟真实的工作场景，增强学生的实际操作能力；通过项目教学，引导学生参与完整的工作流程，培养其综合运用知识解决问题的能力。高职院校还应积极营造创新创业的良好氛围，鼓励学生积极参与各类创新创业活动，如创新大赛、创业项目孵化等，以此激发学生的创新意识，培养其创业精神和能力。

4. 终身学习与自我发展能力的培养

在知识爆炸的当今时代，终身学习和自我发展能力已成为衡量人才素质高低的重要标尺。面对科技日新月异的进步和社会结构的快速变迁，高职院校作为培养技术技能型人才的重要阵地，必须将培养学生的终身学习和自我发展能力置于核心位置。这要求学生不仅要在在校期间掌握扎实的专业知识，构建起坚实的学识基础，更要具备持续学习的强烈意愿和卓越能力。学生应被引导成为主动的学习者，能够敏锐地洞察到知识更新的趋势，积极地寻求并获取新知识、新技能，以不断拓宽自身的知识视野和技能边界。高职院校还需注重培养学生的自我发展意识，使其能够根据自身的兴趣、特长及职业规划，有针对性地制订学习和发展计划，通过不断学习和实践，逐步提升自己的综合素质，增强在激烈市场竞争中的适应力和竞争力。

5. 国际化视野与跨文化交流能力的培养

随着全球化进程的不断深入与拓展，国际化视野和跨文化交流能力已日益成为衡量现代人才素质的重要指标，对于个体在全球化职业环境中的适应与发展具有至关重要的作用。高职院校作为培养技术技能型人才的重要平台，应当将培养学生的国际化视野和跨文化交流能力作为教育教学的重要任务。这不仅要求学生要扎实掌握本专业的核心知识和技能，形成专业的竞争力，还需具备跨文化的交流与沟通能力，能够跨越文化界限，理解和尊重不同文化背景下的思想观念、行为习惯和价值观念上的差异与多样性。高职院校应通过课程设置、国际交流项目、多元文化教育活动等多种途径,为学生提供接触和了解不同文化的机会,培养其全球意识和国际视野。

二、高职院校育人任务

(一)培养具备专业技能与实践能力的人才

1. 专业技能的掌握

高职院校的首要育人任务,明确聚焦于培养学生掌握扎实的专业技能,这是其作为职业教育机构的核心使命与责任所在。这一任务要求学生在校期间,不仅要系统而全面地学习本专业的核心课程与基础知识,构建起坚实的理论框架与知识体系,还需通过理论教学与实践教学的深度融合与有机结合,促进学生对专业知识的全面理解和深刻掌握。理论教学为学生提供必要的理论支撑与概念解析,而实践教学则是将这些理论知识转化为实际操作技能的关键环节。因此,高职院校应高度重视实训、实习等实践教学环节的设计与实施,通过模拟真实工作场景、提供先进实训设备、安排企业实习机会等多种方式,使学生能够在实践中不断锤炼与提升自己的专业技能操作能力。

2. 实践能力的提升

为了有效培养学生的实践能力,高职院校应当采取多样化、多层次的实践教学活动,构建起完善的实践教学体系。具体而言,实验教学作为基础环节,能够使学生掌握基本的实验技能和方法,培养其实验思维和动手能力;课程设计则通过让学生自主完成特定任务或项目,锻炼其综合运用知识解决问题的能力;而项目实践更是将理论知识与实际应用紧密结合,使学生在实践中不断深化对专业知识的理解。此外,高职院校还应积极拓展校外实践资源,积极与企业建立紧密的合作关系,共同建立校企合作基地。通过这些基地,学生可以获得更多的实习机会,置身于真实的工作环境中,亲身体验职业角色的扮演,从而在实践中进一步提升实践能力,增强对职业规范的认知,为将来的职业生涯积累宝贵的经验,提升其职业竞争力,更好地适应快速变化的市场需求和行业发展趋势。

（二）塑造具备良好职业素养与职业道德的人才

1. 职业素养的培养

高职院校应当将学生职业素养的培养置于教育教学的核心位置，全面关注学生的职业意识、职业精神以及职业习惯等多方面的塑造。通过营造积极向上的校园文化氛围，开展丰富多彩的职业教育活动，高职院校可以引导学生树立正确的职业观念，深刻理解职业的价值与意义，进而培养出敬业精神、责任意识和团队合作精神等核心职业素养。高职院校还应充分认识到软技能在职场中的重要作用，注重提升学生的职业沟通能力、组织协调能力等关键能力。这些软技能不仅是学生个人综合素质的体现，也是其适应职场环境、胜任职业岗位的重要保障。因此，高职院校应通过课程设置、实践训练、模拟职场等多种方式，系统地培养学生的软技能，使其在未来的职业生涯中能够更好地与同事协作、与客户沟通，展现出良好的职业素养和综合素质，为职业生涯的持续发展奠定坚实的基础。

2. 职业道德的塑造

高职院校肩负着培养高素质技术技能型人才的重任，因此，加强学生的职业道德教育显得尤为重要。为此，高职院校应通过多渠道、多形式的思想道德教育途径，如开设专门的职业道德课程，组织道德讲座与研讨会，以及开展丰富多彩的校园文化活动等，系统地加强学生的职业道德教育。在这些教育活动中，高职院校应着重引导学生树立正确的价值观与道德观，使其深刻理解诚实守信、尊重他人、勇于担当等职业道德精神内涵，并将其内化为自身的行为准则。高职院校还应注重将职业道德教育有机融入实践教学环节，通过实习实训、项目合作等实践方式，使学生在真实的工作场景中亲身体验职业道德的重要性，从而在实践中不断锤炼与提升自己的职业道德素养，形成良好的职业道德习惯。

（三）培育具备创新思维与创业能力的人才

1. 创新思维的培养

创新思维，作为高职院校学生适应未来社会快速发展与变革的关键素质，对于提升其综合竞争力具有不可估量的价值。高职院校作为培养技术技能型人才的重要阵地,应当将学生创新思维的培养视为教育教学的重中之重。为此,高职院校需通过开设专门的创新思维课程,系统地传授创新理论与方法,为学生的创新实践提供理论支撑。举办各类创新竞赛活动,如创新设计大赛、创业计划大赛等,以赛促学,以赛促创,有效激发学生的创新意识和创新潜能。此外,高职院校还应积极倡导并鼓励教师采用启发式、讨论式等灵活多样的教学方法,摒弃传统的灌输式教学模式,引导学生在课堂上主动思考、积极探索,培养其批判性思维和独立解决问题的能力。

2. 创业能力的提升

高职院校作为培养技术技能型人才的摇篮,应当高度重视学生创业能力的培养与提升。为此,高职院校需通过系统化的创业教育,开设一系列创业课程,系统传授创业理论知识与实践技能,为学生构建起坚实的创业知识框架。建立创业孵化基地,为学生提供集办公空间、资金支持、导师指导于一体的全方位创业平台与资源支持,降低其创业门槛与风险。在此基础上,高职院校还应积极鼓励学生参与各类创业项目,通过亲身实践,锻炼其市场洞察、项目策划、团队管理等多方面的创业实践能力,以及沟通协调、团结协作等团队协作能力。通过这些综合措施的实施,高职院校能够有效激发学生的创业热情,培养其勇于探索、敢于创新的创业精神,进而培育出一批具有创业精神和创业能力的高素质人才,为经济社会的持续创新发展注入新的活力。

第二节　当前高职院校育人的实践状况

一、专业技能培养为核心

(一)课程体系与教学内容优化

高职院校在课程体系构建上,普遍确立了以专业技能培养为核心的教育理念,致力于实现理论与实践的深度融合与有机结合。这一课程体系的设计,旨在通过系统而全面的教学安排,确保学生能够在理论层面构建起扎实且完整的专业知识框架。核心课程作为专业学习的基石,不仅涵盖了该领域的基础理论、核心原理及前沿动态,还注重培养学生的专业思维方式和问题解决能力。基础知识课程则为学生提供了必要的学科基础和跨学科视野,为其后续的专业学习和职业发展奠定坚实的基础。注重理论教学的高职院校亦高度重视实践教学环节的重要性。通过实训、实习等一系列实践教学活动，学生得以将所学理论知识应用于实际操作中，从而在实践中深化对专业知识的理解，并掌握一系列实用的专业技能操作能力。为了更有效地实现这一目标，许多高职院校积极寻求与企业的合作，共同建立了实训基地。这些实训基地不仅提供了真实的工作环境和设施设备，还引入了行业前沿的技术和管理模式，使学生能够在模拟或真实的职业场景中，亲身体验和实践专业技能，进而提升其职业素养和就业竞争力。此外，高职院校还注重实践教学与理论教学的相互衔接和补充，通过合理安排课程内容和教学进度，确保学生在理论学习与实践操作之间能够形成有效的知识迁移和技能转化。

（二）双师型教师队伍建设

高职院校在师资队伍建设上，高度重视"双师型"教师的培养与发展，强调教师不仅应具备扎实的专业理论知识，还需拥有丰富的实践经验，以形成理论与实践并重的教师队伍结构。为实现这一目标，高职院校采取了多种有效措施，其中引进具有企业工作经验的教师是一项重要举措。这些教师凭借其在企业中的实战经验，能够将行业最新的技术动态、管理理念和实际操作技巧带入课堂，为学生提供更为贴近职场的教学内容，有效增强了教学的针对性和实效性。高职院校还积极鼓励在职教师参与企业实践，通过挂职锻炼、项目合作、技术咨询等多种形式，使教师深入企业一线，亲身体验和参与企业的生产运营、技术研发等实践活动。这一过程中，教师不仅能够及时更新自身的知识结构，掌握行业前沿技术和管理经验，还能将这些实践成果转化为教学资源，丰富课堂教学内容，提升教学的实践性和创新性。"双师型"教师队伍的建设，不仅促进了教师个人职业能力的全面发展，更为高职院校的人才培养质量提供了有力保障。这种教师队伍结构有助于打破传统理论教学与实践教学相割裂的局面，实现理论与实践的深度融合，使学生在学习过程中既能掌握扎实的专业知识，又能具备解决实际问题的能力。

二、综合素质提升与职业素养培养

（一）校园文化与职业教育活动

高职院校在育人过程中，高度重视校园文化氛围的营造，致力于通过丰富多彩的文化活动和职业教育项目,为学生构建一个全面发展的成长环境。为此,院校积极策划并举办各类职业教育活动,如职业规划讲座、职业技能大赛等,旨在引导学生树立正确的职业观念,培养其敬业精神、责任意识和团队合作精神。职业规划讲座通常邀请行业专家、企业精英及优秀校友分享他们的职业经历和经验,帮助学生了解行业动态,明确职业发展方向,激发职业规划和职业发展的主动性。而职业技能大赛则为学生提供了一个展示自我、锻炼技能的平台,通过竞赛的形式,不仅检验了学生的专业技能水平,还培养了他们的竞争意识、创新能力和团队协作精神。这些职业教育活动的设计与实施,充分考虑了学生的成长需求和职业发展路径,旨在通过实践性的活动,将职业素养的培养融入日常教育教学中。学生在参与活动的过程中,不仅能够拓宽视野,增长见识,还能在实践中锻炼和提升自身的综合素质,如沟通协调能力、组织管理能力、问题解决能力等。这些活动也丰富了学生的课余生活,增强了校园文化的活力和吸引力,营造了积极向上的学习氛围。

(二)软技能培养

高职院校在人才培养过程中,深刻认识到软技能对于学生职场成功的重要性,因此特别注重提升学生的职业沟通能力、组织协调能力等关键软技能。为了有效培养学生的这些能力,高职院校采取了一系列创新性的教学措施和实践活动。通过开设诸如商务沟通、团队协作等专门课程,院校为学生提供了系统学习和实践软技能的平台。在这些课程中,教师不仅传授理论知识,更注重采用案例分析、角色扮演等互动式教学方法,使学生在模拟的职场情境中亲身体验和练习沟通技巧、协作策略,从而加深对软技能的理解和掌握。模拟职场训练是高职院校提升学生软技能的另一重要途径。院校通过构建仿真的职场环境,设计一系列具有挑战性的任务和项目,要求学生以团队形式完成。在这个过程中,学生需要不断沟通协商、分工合作、解决问题,从而在实践中锻炼和提升自己的沟通协调能力、组织管理能力以及团队合作精神。这种以任务为驱动的教学模式,不仅增强了学生的学习动力和参与度,还使他们能够在实践中不断试错、反思和成长,为未来的职场生涯做好充分准备。

三、创新能力激发与创新思维培养

（一）创新思维课程与竞赛

高职院校在教育改革与实践中，普遍认识到创新思维对于培养学生综合素质和提升其未来职场竞争力的重要性，因此纷纷开设了创新思维课程。这些课程不仅注重理论知识的系统讲解，通过阐述创新思维的基本概念、原理及方法，为学生构建起创新思维的认知框架；还结合丰富的案例分析，将抽象的理论知识具体化、生动化，使学生在分析实际问题的过程中，深刻体会创新思维的应用价值和实践意义。通过这种理论与实践相结合的方式，课程有效激发了学生的创新意识和创新潜能，引导他们敢于质疑、勇于探索，不断拓宽思维边界。此外，高职院校还积极举办各类创新竞赛活动，如创新设计大赛、创业计划大赛等，为学生提供了一个展示创新成果、交流创新经验的宝贵平台。这些竞赛活动不仅要求学生运用所学知识解决实际问题，还鼓励他们跨学科、跨领域合作，共同探索创新的可能性。在竞赛过程中，学生需要不断尝试、不断迭代，这种过程性的学习经历极大地锻炼了他们的创新能力和实践能力。竞赛的荣誉感和成就感也进一步激发了学生的创新热情，使他们更加积极地投入创新活动中，形成了良好的创新氛围。

（二）教学方法改革

高职院校在教育教学改革中，高度重视教学方法的创新与优化，积极鼓励教师采用启发式、讨论式等以学生为中心的教学方法，旨在引导学生主动思考、积极探索，从而培养其批判性思维和解决问题的能力。这些教学方法摒弃了传统的灌输式教学模式，强调学生的主体地位，鼓励教师在教学过程中充当引导者和促进者的角色，通过提出问题、设置情境、引导讨论等方式，激发学生的好奇心和求知欲，促使他们在主动探索的过程中深化对知识的理解，形成独立的见解和判断。为了进一步提升学生的创新能力，许多高职院校还推行了项目式学习、翻转课堂等新型教学模式。项目式学习以学生为中心，围绕具体的项目或任务展开，要求学生在完成项目的过程中综合运用所学知识，解决实际问题。这种教学模式不仅锻炼了学生的实践操作能力，还培养了他们的团队协作精神和创新思维。翻转课堂则打破了传统教学的时空限制，将知识传授的过程放在课外，课堂时间主要用于讨论、交流和解决问题。这种教学模式的转变促进了学生深度学习的发生，提高了他们的学习效率和创新能力。

四、创业能力培养与创业实践探索

（一）创业教育课程体系

高职院校在顺应时代发展趋势和满足社会需求的过程中，高度重视创业教育的重要性，因此普遍开设了创业课程，旨在系统传授创业理论知识和实践技能，为有志于创业的学生提供全面的教育支持。这些创业课程经过精心设计，内容涵盖了市场分析、财务管理、营销策略等多个关键领域，旨在为学生构建一个全面而深入的创业知识体系。在市场分析方面，课程教授学生如何进行市场调研、分析消费者需求、评估竞争态势等，使他们能够准确把握市场动态，为创业项目定位提供科学依据。在财务管理方面，课程则侧重于教授学生财务管理的基本原理、资金筹措与运用策略、成本控制与风险管理等，确保他们能够合理规划和使用资金，保障创业项目的财务健康。在营销策略方面，课程教授学生如何制订有效的品牌推广计划、利用数字营销工具、优化客户体验以及建立长期客户关系等，使他们能掌握如何将产品或服务精准推向市场并实现可持续增长。此外，创业课程还特别注重培养学生的创新思维和创业精神。通过案例分析、模拟创业、创业项目策划等实践环节，课程鼓励学生敢于突破传统思维束缚，勇于尝试新事物，培养他们在不确定性中寻找机遇、在挑战中寻求突破的能力。课程还强调创业精神的培育，如坚韧不拔的毅力、敢于担当的责任感、团队合作的协作精神等，这些都是创业成功不可或缺的重要素质。

（二）创业孵化基地与项目实践

高职院校在推进创业教育的过程中，深刻认识到实践平台与资源支持对于培养学生创业实践能力的重要性，因此积极建立创业孵化基地，旨在为学生提供一个集办公空间、资金支持、导师指导于一体的全方位创业平台。这些创业孵化基地不仅配备了现代化的办公设施，还营造了浓厚的创业氛围，为学生提供了一个良好的创业环境。在资金支持方面，高职院校通过设立创业基金、争取地方政府和企业赞助等多种方式，为有志于创业的学生提供必要的资金扶持，降低他们的创业门槛和风险。高职院校还高度重视导师指导在创业过程中的作用，邀请具有丰富创业经验和行业知识的专家、企业家担任创业导师，为学生提供专业的创业指导、市场分析和项目策划等帮助。这些导师不仅传授创业知识，还分享创业经验，帮助学生规避创业风险，提高他们的创业成功率。为了进一步提升学生的创业实践能力和团队协作能力，高职院校鼓励学生积极参与各类创业项目，通过亲身实践来锻炼和提升自己的综合素质。许多高职院校还与地方政府、企业建立了紧密的合作关系，共同建立创业孵化基地，为学生提供更多的创业机会和资源支持。

第三节　高职院校育人面临的问题与挑战

一、教育理念与市场需求的脱节

（一）传统教育理念束缚

高职院校在长期的发展历程中，基于特定的历史背景和社会需求，形成了一套相对稳定的教育理念和教学模式。这些理念和模式在过去的一段时间内，为培养大量符合当时社会需求的技术技能型人才发挥了重要作用。然而，随着市场经济的快速发展和产业结构的持续调整，社会对人才的需求发生了深刻变化。传统的教育理念，往往侧重于理论知识的传授和基本技能的培养，而忽视了市场动态的变化和学生个体差异的需求，已难以满足当前市场对具有创新精神、实践能力和良好职业素养的高素质人才的需求。

（二）市场需求变化快速

在当今社会，新技术、新产业层出不穷，市场竞争的加剧使得企业对人才的需求也在不断变化。这种变化不仅体现在对人才数量的需求上，更体现在对人才质量、结构和能力的新要求上。高职院校作为培养技术技能型人才的重要基地，必须密切关注市场动态，准确把握行业发展趋势，以便及时调整专业设置和课程内容，确保所培养的人才能够符合市场需求。然而，现实情况中，高职院校在调整专业设置和课程内容以适应市场需求变化的过程中，往往存在滞后性。一方面，由于教育体系的相对稳定性和惯性，高职院校的专业设置和课程内容调整往往需要经过一系列复杂的程序和流程,难以迅速响应市场的即时需求。另一方面,高职院校的教师队伍和教学资源更新也需要一定时间,这进一步加剧了调整的滞后性。这种滞后性导致高职院校所培养的人才与市场需求之间存在一定的脱节,使得毕业生在就业市场上难以找到对口的工作岗位,而企业也难以招聘到符合需求的高素质人才。

二、师资力量与教学质量的不匹配

(一)师资力量不足

高职院校的师资力量,作为衡量其教学质量的核心要素,对于培养学生的职业技能和就业竞争力具有至关重要的作用。然而,当前一些高职院校在师资配置方面面临着严峻的挑战,尤其是具有丰富实践经验和深厚行业背景的教师资源显得尤为匮乏。这一问题不仅关乎教学质量的提升,更直接影响到学生能否在学习过程中接触到最前沿的行业知识和技术。具体而言,实践经验和行业背景是教师将理论知识与实际工作相结合的重要桥梁。缺乏这类经验的教师,在教学过程中往往难以将抽象的理论知识转化为具体可操作的实践技能,从而限制了学生职业技能的培养。行业知识的快速更新和技术迭代要求教师必须保持持续学习的态度,以便将最新的行业动态和技术发展融入课堂教学。然而,由于师资力量的不足,特别是具有行业背景的教师的短缺,这一目标在实现过程中遇到了不小的困难。此外,师资力量的不足还导致了学生在就业市场上的竞争力受限。缺乏实践经验和行业知识的教师难以为学生提供有效的职业指导和就业建议,使得学生在面对激烈的就业竞争时显得力不从心。这不仅影响了学生的个人职业发展,也在一定程度上制约了高职院校的社会声誉和长远发展。

(二)教师教学能力与素质参差不齐

高职院校教师的教学能力和素质,作为教育教学活动的核心要素,对学生的学习效果和职业发展具有深远影响。在高职院校的教育体系中,教师不仅承担着传授理论知识的重任,更需引导学生将所学知识应用于实践,培养他们的职业技能和综合素质。然而,当前高职院校教师队伍的构成呈现多元化特点,教师来源广泛,教育背景各异,这在一定程度上导致了他们在教学能力和素质上存在参差不齐的问题。一方面,部分教师虽然具备扎实的理论基础,但缺乏足够的实践经验和行业知识。这使得他们在教学过程中难以将理论知识与实践相结合,无法为学生提供具有针对性和实用性的教学指导。学生在这种教学环境下,往往难以形成对职业领域的全面认知,也无法掌握有效的实践技能,从而影响了他们的学习效果和未来的职业发展。另一方面,教师素质的差异还体现在教学方法和手段的创新上。一些教师可能习惯于传统的填鸭式教学,忽视了学生的主体地位和个体差异,缺乏对学生学习兴趣和动力的激发。而另一些教师虽然尝试采用新的教学方法和手段,但由于缺乏必要的培训和支持,往往难以达到预期的教学效果。这种教学能力和素质的差异,不仅影响了教学质量,也制约了学生的全面发展和创新能力的培养。

三、课程设置与教学内容的滞后性

(一)课程设置不合理

高职院校的课程设置作为连接教育与市场、理论与实践的桥梁,其合理性与前瞻性直接关乎学生职业技能的掌握程度及满足市场需求的能力。然而,在当前的高职教育体系中,部分院校的课程设置存在诸多不合理之处,这些问题严重制约了学生职业能力的培养和市场适应性的提升。一方面,专业设置过于宽泛是一个突出问题。一些高职院校在追求专业覆盖面的广泛性时,忽视了专业的精深与特色,导致专业定位模糊,学生难以在有限的学习时间内掌握核心职业技能。这种宽泛的专业设置往往使学生陷入“博而不精”的困境,难以在竞争激烈的就业市场中脱颖而出。另一方面,课程内容陈旧也是制约教学质量的重要因素。随着科技的飞速发展和行业的不断革新,新知识、新技术层出不穷。然而,一些高职院校的课程内容更新滞后,无法及时反映行业最新动态和技术发展趋势。这使得学生在学习过程中难以接触到前沿知识,无法掌握实用的职业技能,难以满足市场对具有创新精神和实践能力的人才的需求。

(二)教学内容更新缓慢

随着科技的日新月异和产业的持续升级,新的技术和知识如雨后春笋般不断涌现,为经济社会发展注入了强大动力。然而,在这一快速变革的背景下，一些高职院校的教学内容却显得更新缓慢，难以与时代的步伐保持同步，这成为学生职业发展和就业竞争力提升的一大瓶颈。具体而言，高职院校作为培养技术技能型人才的重要阵地，其教学内容的时效性和前沿性对于学生掌握最新知识、技术，以及适应未来职场环境至关重要。然而，由于多种原因，如教学资源更新机制不健全、教师培训体系不完善等，一些高职院校的教学内容未能及时反映最新的科技成果和行业动态。这导致学生在校期间所学知识与实际需求存在脱节，难以满足市场对具有最新技能和知识的人才的需求。此外，教学内容的陈旧还严重影响了学生的学习兴趣和积极性。在面对过时、乏味的教学内容时，学生往往难以产生浓厚的学习兴趣，更无法激发其探索未知、创新求变的热情。这种消极的学习态度不仅影响了学生的学习效果，也进一步削弱了他们的就业竞争力。

四、实践教学与校企合作的深度不足

（一）实践教学环节薄弱

实践教学作为高职院校育人体系中的重要组成部分，是连接理论知识与职业技能的桥梁，对于培养学生的实际操作能力、解决问题能力和创新思维具有不可替代的作用。然而，在当前的高职教育实践中，一些院校的实践教学环节却显得相对薄弱，难以满足学生日益增长的实践需求。一方面，实践设施和场地的匮乏是制约实践教学有效开展的关键因素。由于资金投入不足或资源配置不合理，部分高职院校的实践设备陈旧、数量有限，甚至无法满足基本的教学需求。实践场地的缺乏也使得学生难以在真实的职业环境中进行实操训练，从而影响了他们职业技能的掌握和提升。另一方面，实践教学过程中的管理和监督也存在诸多不足。一些高职院校在实践教学的组织、实施和评价方面缺乏科学性和规范性，导致实践教学活动流于形式，难以达到预期的教学效果。对实践教学过程的监督不到位，也使得学生在实践中的学习态度和行为难以得到有效约束和引导，进而影响了实践教学的质量和效果。

（二）校企合作深度不够

校企合作作为高职院校育人的重要途径，其深度和广度直接影响着学生的职业技能培养和就业竞争力的提升。理论上，通过校企合作，高职院校能够紧密对接行业需求,为企业输送具备实践能力和创新思维的高素质技术技能型人才。然而,在当前的实践操作中,一些高职院校与企业的合作却仅仅停留在表面的合作层面,未能深入挖掘合作的潜力和价值。具体来说,这种浅层次的合作往往局限于企业参观、短期的实习实训等形式,缺乏深度融合和长效合作机制。企业参观虽然能够让学生初步了解企业的生产流程和工作环境,但难以让学生深入掌握岗位所需的职业技能和实践经验。而短期的实习实训也往往因为时间有限,无法使学生充分参与到企业的实际项目中,难以达到提升职业技能和实践能力的目的。此外,这种浅层次的合作还难以满足企业对人才的需求。企业期望通过校企合作招聘到具备实践经验、能够快速适应岗位要求的毕业生,但浅层次的合作往往无法为企业提供这样的人才。由于缺乏深度的合作,高职院校也难以及时了解企业的最新技术发展和人才需求变化,人才培养与企业需求存在脱节。

五、学生职业素养与综合素质的欠缺

(一)职业素养不足

职业素养作为高职学生必备的基本素质之一,其内涵丰富,涵盖了职业道德、职业意识、职业技能等多个维度,是学生在未来职业生涯中持续发展和成功的重要基石。然而,在当前的高职教育实践中,我们不难发现,部分学生在职业素养方面存在明显的不足,这一问题日益凸显,成为制约他们职业发展和就业竞争力提升的关键因素。具体来说,一些高职学生在责任心方面表现欠佳,缺乏对工作任务的认真态度和敬业精神。在团队合作中,他们往往难以展现出应有的协作精神和集体荣誉感,缺乏有效的沟通和协调能力,这直接影响了团队的整体效率和成果。在职业技能方面,虽然学生掌握了一定的专业知识,但在实际操作中却往往显得力不从心,缺乏将理论知识转化为实践能力的能力。这些职业素养的不足,不仅影响了学生的个人职业发展,也难以满足企业对人才的需求。

(二)综合素质不高

综合素质涵盖了文化素养、创新能力、沟通能力等多个方面,是学生在快速变化的市场环境和复杂的职业要求中脱颖而出的关键。然而,审视当前高职教育的现状,我们不难发现,部分学生的综合素质水平并不尽如人意,难以适应日益激烈的市场竞争和多元化的职业需求。具体而言,一些高职学生在文化素养方面存在欠缺,对传统文化和现代知识的了解不够深入,缺乏广博的知识面和深厚的文化底蕴。在创新能力方面,他们往往表现出思维僵化、缺乏创新意识和实践能力,难以在工作中提出新颖的观点和解决方案。在沟通能力方面,部分学生存在表达不清、倾听不足的问题,难以有效地与他人进行交流和合作。

六、就业压力与职业发展的不确定性

(一)就业压力增大

随着高校扩招政策的持续实施和就业市场的竞争日益加剧,高职学生的就业压力呈现出不断增大的趋势。在这一背景下,许多学生在毕业后面临着严峻的就业挑战,难以寻找到与自身专业相匹配且满意的工作岗位,就业难的问题日益凸显。具体而言,一方面,高校扩招使得毕业生数量急剧增加,而就业市场的岗位需求并未能与之同步增长,导致供需矛盾日益突出。高职学生在与其他层次毕业生的竞争中,往往因为学历、技能等方面的相对劣势而处于不利地位。另一方面,就业市场对人才的需求也在不断变化,对毕业生的综合素质和职业能力提出了更高的要求。一些高职学生在校期间未能充分培养自身的就业竞争力,如缺乏实践经验、职业技能不足、职业规划模糊等,使得他们在就业市场中难以脱颖而出。

(二)职业发展不确定性增加

在这一动态变化的环境中,一些学生在职业生涯的某个阶段可能会遭遇职业转型或升级的挑战,这要求他们必须具备持续学习和自我提升的能力,以适应新的职业需求和岗位要求。然而,当前部分高职学生在校期间并未充分培养出终身学习的习惯和职业发展规划的意识。他们可能过于专注于眼前的学习任务或短期的职业目标,忽视了对未来职业发展的长远规划和准备。当面临职业转型或升级时,这些学生往往会感到茫然无措,缺乏应对变化的能力和信心。

第三章　区域文化赋能高职院校育人的理论框架

第一节　文化育人理论的梳理与借鉴

一、文化育人理论的内涵与本质

文化育人,即以文化人、以文育人,指的是利用各种文化形式或载体,将教育内容融入学生的生活之中,让学生在一种文化气氛中,潜移默化地接受相应的教育。文化育人的重点在于"化",即利用文化的无形性、渗透性、持久性、差异性、体验性等特征,启发、感化被教育者,从而获得被教育者的价值认同与价值自觉。其本质在于怎样运用文化这一媒介,对受教育者进行教化和培养。文化育人本质上包括两个基本因素:一是文化;二是育人的方式方法。

二、高职院校文化育人的重要性

(一)适应产业升级与社会转型的需求

在当今社会,产业升级与社会转型正以前所未有的速度进行着,这一进程不仅深刻改变了经济结构和产业布局,也对人才培养提出了全新的要求。作为技术、技能型人才的重要培养基地,高职院校肩负着为社会输送高素质、高技能人才的重任。在这一背景下,文化育人成为高职院校适应产业升级与社会转型需求的必然选择。产业升级意味着技术更新迭代加快,新兴产业不断涌现,这对一线应用型人才的文化素质和综合职业素养提出了更高要求。传统的职业技能培训已经难以满足现代企业对人才的需求,企业更加注重员工的创新思维、团队合作、沟通协调等软技能。因此,高职院校必须在专业技能培养的基础上,加强学生的文化素质教育,通过文化育人提升学生的综合素质,使其具备更强的适应性和竞争力。

文化育人在高职院校中的实施,不仅体现在课程设置和教学内容上,更贯穿于整个教育过程中。学校可以通过开设跨文化交流、人文素养、创新思维等课程,拓宽学生的知识视野,增强学生的文化底蕴。可通过校园文化活动、社会实践、志愿服务等形式,锻炼学生的组织协调能力、团队合作精神和社会责任感。这些能力和素质的培养,将使学生更好地适应产业升级和社会转型的需求,成为具备高度综合素质的应用型人才。此外,高职院校还应加强与企业的合作,了解企业对人才的需求变化,及时调整人才培养方案和教学计划。可通过校企合作、工学交替等方式,将企业文化融入校园文化,使学生在校期间就能接触到企业的实际工作环境和文化氛围,为将来的职业生涯做好充分准备。

(二)实现立德树人的根本任务

在高职院校中,立德树人不仅仅是一句口号,而是需要具体落实到教育教学的各个环节中。学校应通过课堂教学、校园文化、社会实践等多种途径,引导学生树立正确的世界观、人生观和价值观。在课程设置上,应注重德育课程的开设和教学质量的提升,将社会主义核心价值观融入课堂教学,使学生在潜移默化中接受正确价值观的熏陶。高职院校还应注重培养学生的道德品质和社会责任感,通过校园文化活动、志愿服务、社会实践等形式,增强学生的社会责任感和奉献精神。在校园文化建设中,应弘扬正能量,倡导诚信、友善、敬业等社会主义核心价值观,营造积极向上的校园文化氛围。此外,高职院校还应注重培养学生的创新思维能力和科学素养,通过开设创新创业课程、举办科技创新竞赛等方式,激发学生的创新精神和实践能力。在科学素养方面,应加强科学普及教育,提高学生的科学素质和科学精神,为培养具有创新精神和实践能力的高素质人才打下坚实基础。

(三)传承与创新中华优秀传统文化

中华优秀传统文化是高职院校文化育人的重要资源,也是文化育人的文化根基。中华优秀传统文化蕴含着丰富的人文精神、哲学思想和道德观念,为高职院校文化育人提供了深厚的文化滋养。高职院校应深入挖掘和整合中华优秀传统文化资源,将其融入课堂教学、校园文化和社会实践等各个环节中。在课程设置上,可以开设中国传统文化、国学经典诵读等课程,让学生深入了解中华优秀传统文化的精髓和内涵。在校园文化建设中,可以举办传统文化讲座、诗词吟唱大赛等活动,营造浓厚的传统文化氛围。高职院校还应注重中华优秀传统文化的传承与创新。在传承方面,应加强对传统文化的研究和保护,让传统文化在校园内得以延续和发扬。在创新方面,应鼓励学生对传统文化进行创造性转化和创新性发展,将传统文化与现代科技、时尚元素等相结合,赋予传统文化新的时代内涵和生命力。此外,高职院校还应加强与社会的联系和合作,共同推动中华优秀传统文化的传承与创新。可以通过校企合作、校地合作等方式,将传统文化融入区域文化发展和企业文化建设中,为传承和创新中华优秀传统文化贡献高职院校的力量。

三、高职院校文化育人的主要内容

(一)优秀传统文化育人

高职院校作为培养技术技能型人才的重要基地,应当充分认识到中华优秀传统文化在文化育人中的独特价值。为此,高职院校可以通过开设一系列人文选修课程,如中国古典文学、中国书法、中国画、中国古代哲学等,让学生系统地学习和领略传统文化的精髓和魅力。这些课程不仅能够拓宽学生的知识视野,还能够激发他们的学习兴趣,培养他们对传统文化的热爱和尊重。高职院校还可以定期举办人文讲座,邀请知名学者、专家来校讲学,分享他们对传统文化的独到见解和研究成果。此外,可通过组织诗词吟唱大赛、传统文化知识竞赛、书法绘画展览等活动,让学生在实践中感受传统文化的韵味和魅力,增强他们的文化参与感和认同感。这些丰富多彩的文化活动,不仅能够提升学生的文化素养和审美能力,还能够培养他们的文化自信和价值观自信,使他们在传承和弘扬中华优秀传统文化的过程中,不断成长为具有深厚文化底蕴和高尚品德的新时代青年。

(二)革命文化育人

革命文化,作为中国共产党领导人民在革命、建设和改革实践中形成的宝贵精神财富,承载着中国共产党人的“初心”和“使命”,蕴含着深厚的历史底蕴、崇高的理想信念和坚韧不拔的革命意志。这种文化不仅是对过往革命历程的深刻铭记,更是使当代大学生价值观念涤荡、意志品质锤炼和精神境界提升的重要源泉。高职院校作为培养新时代技术技能型人才的重要阵地,应当充分挖掘和利用革命文化的独特价值，将其融入文化育人的全过程。为实现这一目标，高职院校可以积极开展形式多样的红色文化教育活动。可通过组织专题讲座、研讨会和读书会等，邀请革命老前辈、专家学者为学生讲述革命历史，解读革命精神，让学生在聆听中感受革命先烈的英勇事迹和崇高精神。高职院校还可以充分利用革命遗址这一生动的历史教材，组织学生参观革命纪念馆、革命根据地旧址等，让学生身临其境地体验革命历程，深刻领会革命文化的内涵和实质。通过这些活动，学生不仅能够深入了解革命历史，感受革命先烈的英勇奋斗和无私奉献，还能够传承和弘扬革命精神，坚定理想信念，锤炼意志品质，提升精神境界。

（三）社会主义先进文化育人

社会主义先进文化，以马克思主义为根本指导思想，深深植根于新时代中国特色社会主义的伟大实践之中，集中体现了新的时代条件下党和人民的精神风貌和价值追求。它不仅是国家文化软实力的重要组成部分，也是引领社会进步、推动时代发展的强大精神力量。高职院校作为培养高素质技术技能型人才的重要基地，肩负着传承和发展社会主义先进文化的历史使命。为有效引导学生培育和践行社会主义核心价值观，增强民族精神和时代精神，高职院校应充分利用课堂教学这一主渠道。可通过开设思想政治理论课、形势与政策课等，系统讲授马克思主义基本原理和中国特色社会主义理论体系，帮助学生树立正确的世界观、人生观和价值观，将社会主义核心价值观融入专业课程教学之中，使学生在学习专业知识的同时不断提升思想道德素质。此外，高职院校还应积极开展丰富多彩的校园文化活动，通过举办主题演讲、征文比赛、文艺晚会等形式多样的活动，营造积极向上的校园文化氛围，让学生在潜移默化中受到社会主义先进文化的熏陶和感染。应鼓励学生积极参与社会实践，通过志愿服务、社会调查等方式，深入了解社会、服务社会，在实践中锤炼品质、增长才干，进一步增强民族自豪感和时代责任感。

（四）校史文化育人

校史文化作为一所学校的历史沉淀与文化积淀的集中体现，是连接过去与未来、传承与创新的文化纽带，它如同一座灯塔，照亮着学校的发展之路，也成为凝聚大学生精神力量、激发情感共鸣的重要符号。高职院校，作为培养技术技能型人才的高等教育阵地,其校史文化不仅承载着学校的办学理念和教育传统,更蕴含着丰富的精神内涵和价值追求。为了充分挖掘和传承校史文化的独特魅力,高职院校应致力于挖掘和整理校史资源,通过档案查阅、口述历史、老照片征集等多种方式,系统梳理学校的发展历程、重要事件、杰出人物等,构建起完整而生动的校史文化体系。在此基础上,高职院校可以开展形式多样的校史文化传承活动,如校史展览、校史讲座、校史剧演出等,让学生近距离感受学校的辉煌历程和深厚底蕴。这些活动不仅能够增强学生的归属感和荣誉感,让他们深刻体会到作为学校一员的自豪与责任,还能够激发他们对学校的热爱之情,促进校园文化的繁荣发展。

四、高职院校文化育人的实践路径

(一)构建“三全育人”体系

高职院校在履行其教育使命的过程中,应致力于构建一种全员育人、全过程育人、全方位育人的文化育人体系,以全面提升学生的综合素质和全面发展。全员育人,强调的是育人责任的广泛性和共同性。这要求学校、社会、家庭三方形成合力,共同承担起育人的重任。学校作为教育的主阵地,应充分发挥其专业优势和教育资源,为学生提供系统的知识和技能培训;社会则应为学生提供实践锻炼的平台和机会,帮助他们更好地融入社会;家庭作为学生成长的摇篮,应注重家风建设,培养学生的良好品德和习惯。全过程育人,则要求将思想价值引领贯穿教育教学的全过程和各环节。从新生入学教育到毕业离校指导,从课堂教学到实践实训,都应注重对学生的思想引导和价值塑造,帮助他们树立正确的世界观、人生观和价值观。全方位育人,则强调育人方式和手段的多样性和全面性。高职院校应充分利用各种教育载体,如课内课外的教学活动、线上线下的学习资源、优美宜人的校园环境、丰富多彩的文化建设、公正公平的评奖评先机制、严谨求实的学风考风、深入社会的社会实践活动,以及充满人文关怀的贫困资助政策等,全方位、多角度地对学生进行教育和培养。通过这些多样化的育人方式,可以激发学生的学习兴趣和积极性,培养他们的创新精神和实践能力,促进他们的全面发展。

(二)创新文化育人模式

高职院校在深化教育改革与创新的过程中,应积极探索并实践文化育人的新模式，以更加全面、系统、深入地推进校园文化建设，提升学生的文化素养和综合能力。其中，“学校、学院、专业”三个层面的文化育人模式，是一种纵向全方位的文化育人体系构建。在学校层面，应注重整体规划和顶层设计，明确文化育人的目标和方向，形成统一的校园文化理念和价值体系。学院层面，则要结合自身专业特色和学科优势，打造具有学院特色的文化品牌和活动，增强学生的专业认同感和归属感。专业层面，要将文化育人融入专业教学和实践环节中，培养学生的专业素养和职业精神，实现知识与技能、文化与价值的有机融合。高职院校还可以探索“三室一堂二馆”六个领域的文化育人模式，即通过图书馆、实验室、实训室、工作室、讲堂（或礼堂）、展览馆等六个领域，横向全覆盖地推进文化育人工作。图书馆作为知识的殿堂，应丰富藏书资源，举办读书活动，营造浓郁的阅读氛围。实验室、实训室和工作室则是学生实践创新的平台，应注重培养学生的实践能力和创新精神。讲堂（或礼堂）是文化传播和交流的重要场所，应定期举办学术讲座、文化论坛等活动。展览馆则可以展示学校历史、成就和特色，增强学生的荣誉感和自豪感。

教师是文化育人的核心力量与重要实施者，其在传承与发展中华优秀传统文化、塑造学生精神世界方面扮演着至关重要的角色。高职院校作为培养高素质技术技能型人才的重要阵地，更应高度重视师资队伍的建设，着力提升教师的道德素质和文化素养，以更好地肩负起文化育人的使命。为此，高职院校应采取一系列有效措施，如定期开展中华优秀传统文化专题培训，邀请知名专家学者为教师深入解读传统文化的精髓与内涵，引导教师深刻理解中华优秀传统文化的价值意义，增强其文化传承的自觉性与责任感。高职院校还应组织教师进行集体备课，围绕如何将中华优秀传统文化融入课程教学进行研讨与交流，探索创新性的教学方法与手段，使传统文化元素与专业知识有机结合，形成独具特色的教学体系。此外，通过举办教学能力比赛，激励教师在教学实践中积极探索、勇于创新，将中华优秀传统文化以更加生动、形象的方式呈现给学生，提高学生的学习兴趣与参与度。通过这些活动，不仅可以提升教师的文化素养和教学能力，还能增强其将中华优秀传统文化融入教学、科研、管理和服务各环节的能力，使教师在传授知识时更加注重学生精神世界的塑造与价值观的引导，从而培养出既具有扎实专业技能，又具备深厚文化底蕴和高尚品德的新时代青年，为传承与发展中华优秀传统文化、推动社会进步与发展贡献力量。

（三）丰富校园文化活动

校园文化活动是推进文化育人的重要途径和良好载体，对于塑造学生的精神世界、提升文化素养、激发创新思维具有不可替代的作用。高职院校作为培养技术技能型人才的高等教育机构，更应充分认识到校园文化活动在文化育人中的独特价值，积极策划并开展一系列思想性、知识性、趣味性兼备的校园文化活动。具体而言，高职院校可以组织名师教授与学生对话的活动，搭建师生交流的平台，让学生近距离感受名师的学术魅力和人格风采，从而激发学生的学术兴趣和求知欲望。可通过优秀学生事迹分享会，让身边的榜样发声，讲述他们的成长故事和学习经验，激励广大学生见贤思齐，追求卓越。此外，邀请知名校友回校讲述职业经历也是一项极具意义的校园文化活动。校友们以自身的成功实践为案例，分享他们在职场中的奋斗历程和宝贵经验，不仅能够为学生提供职业规划的指导和启示，还能够传承和弘扬学校的优良传统和创新文化，增强学生的校友意识和母校情怀。这些校园文化活动以其独特的形式和丰富的内容，不仅能够满足学生多样化的文化需求，还能够在潜移默化中启迪学生的思想、拓宽学生的视野、培养学生的创新精神和实践能力，为推进文化育人工作注入新的活力和动力。

第二节　区域文化赋能育人的核心理念

一、强化文化认同

（一）文化认同的塑造

区域文化赋能育人的首要任务，在于精心塑造并巩固学生对本土文化的深刻认同。文化认同，作为个体对所属文化群体的一种内在归属感与外在认同感，是维系社会和谐、促进社会稳定不可或缺的重要纽带。它不仅关乎个体对文化符号的表面认知，更涉及对文化深层精神、核心价值观念的深刻领悟与内化，是个体文化身份构建和文化自信确立的基石。高职教育，作为连接学校教育与社会实践的重要桥梁，承担着传承与创新区域文化、培育具有地域特色和文化自信的高素质人才的历史使命。因此，高职教育应充分利用其教学资源和平台优势，通过精心设计的课程设置，将区域文化的精髓有机融入日常教学之中。这既包括开设专门介绍区域文化历史、特色、内涵的课程，又涵盖在相关专业课程中融入区域文化的元素和案例，使学生在学习专业知识时也能深入了解本土文化的独特魅力和价值。校园文化活动也是塑造学生文化认同的重要途径。高职院校应组织丰富多彩的校园文化活动，如区域文化讲座、民俗文化展示、地方艺术表演等，让学生在亲身参与和体验中感受区域文化的博大精深，从而增强对本土文化的认同感和自豪感。这种认同和自豪不仅仅停留在对文化符号的浅层次认知上，而是深入对文化精神、价值观念的深刻理解和内化之中，成为学生的文化身份和文化自信的重要组成部分。

（二）地域特色的彰显

高职教育作为连接过去与未来、理论与实践的桥梁，应当充分认识到地域资源在育人过程中的重要作用，并积极挖掘和利用这些得天独厚的文化资源。为此，高职教育应精心构建课程体系，开设地方史、民俗学等相关课程，将地域文化的精髓系统地融入课堂教学之中。通过这些课程，学生可以深入了解本地的历史沿革、文化变迁和民俗传统，从而对地域文化形成全面而深刻的认识。高职教育还应注重实践教学环节，积极组织学生参与区域文化调研活动，让他们走进田间地头、巷陌街角，亲身体验地域文化的独特魅力。此外，非物质文化遗产保护也是一项重要的实践活动，高职院校应鼓励学生参与其中，通过实地考察、资料收集、传承人访谈等方式，深入了解非物质文化遗产的价值和意义，从而激发起他们对本土文化的热爱和珍视之情。通过这样的教学方式，学生不仅能够在亲身体验中感受到地域文化的深厚底蕴和独特魅力，还能够增强对本土文化的认同感和自豪感，进而激发起他们传承和弘扬本土文化的责任感和使命感。这不仅有助于地域文化的保护和传承，更能够为高职教育的内涵式发展注入新的活力和动力。

（三）文化自信的培育

文化自信，作为一种深层次的精神力量，是一个民族、一个国家乃至一个地区对自身文化价值所持有的坚定信念和积极实践的态度。它不仅是对本土文化传统的深刻认同与尊崇，更是对文化生命力和创新力的充分肯定与积极彰显。在高职教育的广阔舞台上，培育学生的文化自信显得尤为重要且迫切。

高职教育应深刻理解并充分践行区域文化传承与创新的重要使命,将文化自信的培养融入教育教学的全过程。这不仅仅要求学生系统地掌握区域文化的基本知识和技能,熟悉其历史渊源、发展脉络和独特魅力,更要求他们具备一种对文化的批判性思维和创新能力。批判性思维使学生能够在学习区域文化的过程中,不盲目崇拜,不故步自封,而是以一种客观、理性、审视的态度去看待和分析文化现象,从而更深刻地理解文化的本质和规律。创新能力则是文化自信在新时代得以传承和发展的关键。高职教育应鼓励学生勇于突破传统束缚,敢于尝试新思路、新方法,将区域文化的精髓与现代科技、时尚元素等相融合,创造出具有新时代特色的文化产品和服务。这种在传承中创新、在创新中发展的理念,不仅能够使区域文化在新时代焕发出新的生机与活力,更能够培养学生的文化自觉和文化担当,使他们成为推动文化繁荣发展的生力军。

二、构建知识体系

(一)跨学科知识的融合

区域文化,作为一个内涵丰富、结构复杂的系统,其疆域横跨历史、地理、文学、艺术、经济等多个学科领域,交织着多元化的知识元素和深层次的文化逻辑。这一系统的独特性和复杂性,要求我们在高职教育的实践中,必须打破传统学科之间的壁垒和界限,积极促进跨学科知识的融合与交叉,以更加全面、深入的视角去审视和探索区域文化的本质与规律。为此,高职教育应致力于构建以区域文化为核心的跨学科知识体系,将不同学科领域的知识和方法有机地整合在一起,形成一种新的、更具综合性的知识框架。这一知识体系的构建,不仅需要我们在课程设置上做出创新,开设一系列跨学科的课程,如区域文化与经济发展、地理环境与文学艺术等,以引导学生从多个学科的角度去理解和分析区域文化;还需要我们组织跨学科的研究项目,鼓励学生跨越学科界限,进行团队合作,共同探索区域文化的内涵与外延。通过这样的教学方式,学生可以更加全面地了解区域文化的历史渊源、地理背景、文学表现、艺术特色以及经济影响,从而形成一种立体的、多维的文化认知。跨学科知识的融合与交叉,也可以激发学生的创新思维和跨界合作能力,使他们在探索区域文化的过程中,能够不断提出新的问题、新的观点,为区域文化的传承与创新注入新的活力。因此,高职教育应积极推动跨学科知识的融合与交叉,以区域文化为核心,构建一种全新的、更具前瞻性和创新性的跨学科知识体系。

(二)实践技能的培养

区域文化,作为人类文明宝库中的瑰宝,蕴含着极为丰富的实践技能和智慧经验。这些实践技能,如精湛的传统手工艺、独到的民间医术、韵味悠长的地方戏曲等,不仅是区域文化的独特魅力和深厚底蕴的重要体现,更是历经世代传承与积淀的宝贵财富。它们不仅承载着地域文化的历史记忆和文化基因,还蕴含着巨大的经济价值和社会价值,成为学生未来职业发展中不可或缺的竞争力。鉴于此,高职教育应充分认识到实践技能在区域文化传承与学生职业发展中的重要作用,积极采取措施,为学生提供学习和实践这些技能的有效平台和丰富机会。具体而言,高职教育应通过设置一系列贴近区域文化特色的实践课程,将传统手工艺、民间医术、地方戏曲等实践技能系统地纳入教学体系之中,使学生在理论学习的基础上,能够亲身参与到实践活动中去,亲身体验和感受这些技能的独特魅力和价值。高职教育还应积极建立实训基地,为学生提供更加真实、具体的实践环境。这些实训基地可以是与地方政府、文化机构、企业等合作共建的,也可以是学校自身根据区域文化特色自建的。通过实训基地的建设,学生可以更加深入地了解和掌握区域文化中的实践技能,并在实践中不断锤炼意志、增长才干,为未来的职业发展打下坚实的基础。

(三)终身学习理念的树立

在知识爆炸的时代背景下,信息如潮水般汹涌而来,知识的更新速度超乎想象,终身学习已不再是个人发展的可选项,而是成为每个人必备的素养和能力,是适应社会发展、实现个人价值的必由之路。高职教育,作为连接学校教育与社会实践的重要阶段,承担着培养学生终身学习理念的重任,而区域文化的传承与创新则为这一理念的树立提供了丰富的土壤和独特的视角。高职教育应深刻理解终身学习的内涵与价值,通过区域文化的传承与创新,引导学生认识到学习是一个永无止境的过程,不仅局限于校园之内,更贯穿人生的每一个阶段。这要求学生不仅要掌握扎实的专业知识和技能,形成坚实的职业基础,还要具备持续学习的动力和能力,保持对新知识、新技能的好奇心和求知欲,能够主动探索未知领域,不断拓宽自己的知识视野和技能边界。高职教育还应注重培养学生的适应性和灵活性，使他们能够迅速适应社会发展的新需求和新挑战。区域文化的传承与创新过程中，蕴含着丰富的历史智慧和现代创新元素，通过引导学生深入参与其中，可以激发他们的创新思维和实践能力，培养他们在面对复杂多变的社会环境时，能够灵活应对、勇于创新，不断提升自己的综合素质和竞争力。

三、激发创新活力，培育创新人才

（一）创新思维的启发

从民间艺术的不断创新，到传统工艺的传承与发展，每一处都闪耀着智慧的光芒和独特的创造力。这些创新元素和创造精神，不仅是区域文化生命力的源泉，也是推动社会进步和发展的重要动力。高职教育，作为培养高素质技能型人才的重要阶段，应充分认识到区域文化中创新元素和创造精神的价值，并积极采取措施，引导学生深入挖掘和分析。具体而言，高职教育应通过案例分析的方式，选取具有代表性的区域文化创新实例，如民间艺术的创新作品、传统工艺的现代化转型等，引导学生进行深入剖析，理解其背后的创新思路和方法。可采用项目驱动的教学模式，鼓励学生围绕区域文化的创新主题，开展实践性的项目研究，将理论知识与实际操作相结合，亲身体验创新的过程。在此过程中，高职教育还应特别注重启发学生的创新思维和创新能力，鼓励他们勇于尝试新的想法和方法，敢于突破传统的束缚和限制。可通过设立创新实验室、创业孵化器等平台，为学生提供充足的实践机会和资源支持，让他们在实践中不断探索和创新，将创意转化为现实的成果。

（二）创业精神的培育

创业精神作为推动社会进步与发展的重要动力源泉，其核心价值在于勇于探索未知、敢于挑战现状、积极寻求变革的创新实践。高职教育，作为连接教育与产业、理论与实践的桥梁，承担着培育学生创业精神和创业能力的重要使命。而区域文化，作为民族文化宝库中的瑰宝，蕴含着丰富的历史积淀和独特的创新智慧，为高职教育的创业教育提供了深厚的土壤和丰富的资源。高职教育应通过区域文化的传承与创新，将创业精神融入人才培养的全过程。这不仅要求学生掌握扎实的专业知识和技能，形成坚实的职业基础，以应对创业过程中的各种技术挑战；还要求他们具备敏锐的市场洞察力，能够准确捕捉市场动态，发现商业机遇，为创业项目提供有力的市场支撑。创业过程中的风险与不确定性要求学生必须具备风险承受能力，能够勇于面对挑战，敢于承担失败，以坚韧不拔的毅力推动创业项目的持续发展。为此，高职教育应积极开展创业教育活动，通过案例分析、模拟实训、项目孵化等多种方式，引导学生深入了解创业过程，提升他们的创业意识和创业能力。应鼓励学生勇敢地走出校园，走向社会，将所学知识与技能应用于实际创业实践中，通过亲身体验和实际操作，不断锤炼自己的创业精神和创业能力，最终实现自己的创业梦想。

（三）创新成果的转化

高职教育作为培养高素质技能型人才的重要阵地，其发展目标与社会需求紧密相连，尤其在推动区域文化创新方面承载着独特使命。为实现这一使命，高职教育应积极加强与地方政府、企业等社会各界的合作与交流，构建起一个开放、协同的创新生态系统。这种合作不仅限于资源共享和信息交流，更在于共同推动区域文化创新成果的转化与应用，将文化的智慧力量转化为推动社会经济发展的实际动力。产学研用深度融合是实现这一目标的有效途径。高职院校应依托自身在学术研究、技术开发方面的优势，与地方政府的政策引导、企业的市场需求紧密结合，形成创新链、产业链、资金链、人才链的“四链”融合发展的新格局。在这一过程中，学生的创新成果不再仅仅停留在论文或实验室阶段，而是通过与企业的合作，得以转化为实际的产品或服务，走向市场，为社会创造更多的价值和财富。这种转化过程也是对学生的创新能力和实践能力的最好检验和提升。在实践中，学生需要面对市场的真实反馈，不断调整和优化自己的创新方案，这不仅锻炼了他们的问题解决能力，也增强了他们的团队协作意识和市场敏锐度。

四、深化社会实践，增强育人实效

（一）社会实践活动的组织与实施

高职教育作为培养应用型、技能型人才的重要阶段，其教育理念与实践活动应紧密围绕社会需求与学生成长而展开。为促进学生全面发展，增强其社会适应能力与责任感，高职教育应积极组织学生深入基层、深入群众，开展形式多样、内容丰富的社会实践活动。这些实践活动不仅是对课堂教学的有效延伸,更是学生接触社会、了解民生、服务公众的重要途径。具体而言,高职院校可鼓励学生参与区域文化传承与创新项目,通过实地调研、资料收集、创意设计等环节,深入挖掘区域文化的独特魅力,为文化传承与发展贡献青春智慧。可开展社区服务活动,如助老助残、科普宣传、法律咨询等,让学生在服务中学会关爱他人、奉献社会,培养其公民意识和社会责任感。此外,参与环保公益项目,如垃圾分类宣传、河流清理行动、节能减排倡导等,可使学生深刻认识到环境保护的重要性,激发其生态文明意识和绿色发展理念。通过这些实践活动,学生能够更加深入地了解社会现实和民生问题,目睹社会发展的成就与挑战,亲身体验人民群众的需求与期望。这一过程不仅增强了学生的社会责任感和使命感,也促使他们将所学知识与社会实践相结合,不断提升解决实际问题的能力。

(二)校企合作与产教融合

高职教育作为与区域经济社会发展紧密相连的教育类型,其根本任务在于培养适应地方产业需求的高素质技能型人才。为实现这一目标,高职教育应不断加强与地方企业的合作与交流,共同探索产教融合的新路径、新模式。校企合作作为一种有效的合作方式,不仅能够促进教育链、人才链与产业链、创新链的有机衔接,还能够将区域文化的传承与创新巧妙地融入企业的生产实践中,为区域文化的弘扬与发展注入新的活力。通过校企合作,高职院校可以与企业共同开发基于区域文化特色的课程体系和实训项目,让学生在真实的工作环境中学习传统技艺、创新文化理念,将理论知识与实践操作紧密结合,实现在实践中学习、在实践中成长。这种教学模式不仅能够提升学生的专业技能和实践能力,还能够激发他们的创新思维和文化自觉,为区域文化的传承与创新培养更多有生力量。校企合作也为企业提供了宝贵的人才支持和智力保障。高职院校拥有丰富的人力资源和科研优势,可以为企业提供技术培训、产品研发、管理咨询等多方面的服务,帮助企业解决技术难题,提升产品文化内涵,增强市场竞争力。这种深度合作不仅促进了教育资源的优化配置,也推动了企业转型升级和创新发展,实现了教育与企业发展的双赢。

第三节　高职院校育人改革的方向与路径

一、明确教育改革的目标

我国的高职院校以培养技术型、应用型人才为培养目标。因此,改革应遵循以实用为主、就业为导向的方针,以满足职业岗位为本位,注重培养教育学生的应用型技能。具体而言,这表现为三个方面:一是要有明确的职业定向性,即高职院校应明确要培养的是哪个行业的人才,并从该特定的行业岗位群出发进行具体的分析,在此基础上设立针对性较强的教学课程;二是要注重人才培养的“应用性”,在教学过程中,除理论教学之外,必须重视实践性教学,注重培养应用型人才,构建与职业岗位紧密结合的人才培养模式;三是要明确高职院校的职业岗位导向,重视对学生实践能力的考查,着力培养在生产、服务第一线的高素质技能型人才。

二、优化育人队伍建设

(一)明确育人队伍的主要群体

高职院校的育人工作并非单一部门或个体的责任,而是需要全校上下共同努力,形成合力。因此,明确育人队伍的主要群体,是构建多元化育人体系的基础。首先,各专业课教师是育人的核心力量。他们不仅传授专业知识,更在潜移默化中影响着学生的思维方式、职业态度和价值观。因此,专业课教师应将育人融入教学全过程,注重培养学生的综合素质和创新能力。其次,辅导员是育人的重要辅助力量。他们负责学生的日常管理、思想教育和心理辅导等工作,是学生健康成长的引路人。辅导员应深入了解学生的需求和困惑,提供个性化的指导和帮助,为学生的全面发展保驾护航。再次,心理健康教师是育人的专业支撑。他们通过心理咨询、心理辅导等方式,帮助学生解决心理问题,增强学生的心理素质和抗压能力。心理健康教师应积极参与育人工作,为学生的心理健康保驾护航。从次,学生主体也是育人的重要参与者。他们通过自我管理、自我教育和自我服务等方式,积极参与育人活动,提升自身的综合素质和能力。高职院校应鼓励学生主体积极参与育人工作,发挥他们的主体作用。最后,思想政治教师是育人的灵魂引领者。他们负责学生的思想政治教育工作,引导学生树立正确的世界观、人生观和价值观。思想政治教师应充分发挥其主导作用,引领全校育人工作的方向。

(二)提升育人主体的育人能力

明确了育人队伍的主要群体后,提升育人主体的育人能力就成为当务之急。这需要从多个方面入手,全面提升育人队伍的专业素养和综合能力。针对各专业教师、辅导员和心理健康教师主体,高职院校应开展系统的育人知识和技能培训。可通过专家讲座、研讨会、工作坊等多种形式,帮助他们深入理解"三全育人"理念,明确自身在育人工作中的责任和义务。鼓励他们将所学知识和技能应用到实际工作中,不断提高育人的针对性和实效性。对于思想政治教师,高职院校应明确其在"三全育人"过程中的主导作用。可通过选拔优秀思政教师担任育人工作负责人、组织思政教师参加高级研修班等方式,提升他们的领导力和组织能力,使思政教师能够成为引领全校育人工作的核心力量,推动"三全育人"理念在全校范围内的深入实施。针对学生育人主体,高职院校应充分重视其在育人工作中的重要地位。可通过培养学生意见领袖、设立学生自治组织等方式,发挥学生的主体作用和同伴教育效应。

(三)整体把握育人队伍建设

在明确了育人队伍的主要群体并提升了育人主体的育人能力后,高职院校还需要从整体上把握育人队伍建设,确保"三全育人"的高效实施。首先,要关注学生主体的发展需求。可通过问卷调查、座谈会等方式,深入了解学生的思想和需求,为育人工作提供有针对性的指导和帮助。关注学生的个体差异和多样性,提供个性化的育人服务,满足学生的不同需求。其次,要采用信息化技术动态跟踪学生的思想变化和学习成效。可通过建立学生信息管理系统、在线学习平台等方式,实时掌握学生的思想动态和学习情况,为育人工作提供数据支持和决策依据。利用大数据、人工智能等先进技术,对育人效果进行科学评估和预测,不断优化育人方案和方法。最后,要建设"三全育人"数据资源库,实现育人资源的科学配置。可通过整合校内外育人资源,建立统一的育人资源数据库,为各育人主体提供丰富多样的育人资源和工具。

三、深化思政教育发挥铸魂育人效能

(一)强化思政课程建设

随着时代的发展,社会热点和价值取向也在不断变化,思政课程内容必须紧跟时代步伐,及时反映社会现实和国家需求。高职院校应定期组织教师研讨,对课程内容进行修订和完善,确保课程内容的时效性和针对性。教材是思政课程的重要载体,其质量和水平直接影响学生的学习效果。高职院校应选用高质量的教材,并鼓励教师编写具有本校特色的思政教材。要充分利用现代信息技术手段,整合线上线下教学资源,为学生提供丰富多样的学习材料。在提升课程质量和教学水平方面,高职院校应注重教师的教学能力培养。通过组织教师培训、教学研讨等活动,提高教师的教学水平和思政素养。要建立完善的课程评价机制,对课程质量进行定期评估,确保课程教学的持续改进和提升。将思想政治教育融入专业课程教学中,是实现知识传授与价值引领有机统一的重要途径。高职院校应鼓励教师在专业课程中挖掘思政元素,将思政教育与专业教学相结合,使学生在学习专业知识时接受思想政治教育的熏陶。

(二)创新思政教育方式

传统的思政教育方式往往以教师讲授为主,学生被动接受,缺乏互动性和参与性。为了改变这一状况,高职院校必须创新思政教育方式,采用学生喜闻乐见、易于接受的方式开展思政教育。思政教育不仅仅是教师的责任,更是学生的自我教育和自我提升过程。高职院校应鼓励学生积极参与思政教育活动,发挥他们的主体作用,形成师生共同参与的思政教育格局。除了专门的思政课程外,高职院校还应在其他专业课程中融入思政元素,实现全员、全过程、全方位的思政教育。课程思政建设,可以使学生在学习专业知识时接受思想政治教育的熏陶和引领。高职院校应拓展思政教育的空间和载体,将思政教育延伸到校园外、社会上。应注重采用情景模拟、角色扮演、案例分析等教学方式,这些教学方式能够激发学生的学习兴趣和参与度,使他们在模拟的情境中体验思政、理解思政,从而提高思政教育的针对性和实效性。

（三）加强实践教学环节

教师是实践教学的组织者和指导者，应负责实践教学的设计和实施；学生是实践教学的参与者和实践者，应积极参与实践活动，提高实践能力和思政素养。高职院校应制定明确的实践教学标准和规范，确保实践教学的质量和效果。要加强与行业企业的合作，将行业规范和企业标准融入实践教学中，使学生更好地适应社会发展需求。高职院校应将实践教学与课程教学相结合，形成理论与实践相结合的教学体系。要编写具有实践特色的教材，为实践教学提供有力的支撑。高职院校应搭建实践教学平台，如实训基地、创新创业中心等，为学生提供实践机会和场所。要积极申报和实践各类思政教育项目，如社会实践项目、志愿服务项目等，拓宽实践教学的渠道和途径。高职院校应鼓励学生参与科研项目和创新活动，培养他们的创新意识和实践能力。通过科研与创新实践，使学生将所学知识转化为实际成果，提高他们的综合素质和竞争力。

四、完善育人体系遵循因地制宜

（一）挖掘育人文化

校园文化是高职院校精神风貌和育人理念的重要体现，对学生的世界观、人生观和价值观的形成具有潜移默化的影响。因此，营造积极向上、健康和谐的校园文化氛围，是高职院校实现“三全育人”目标的首要任务。每所学校都有其独特的发展历史和文化底蕴，这些宝贵的文化资源是塑造校园文化氛围的重要基础。学校应通过校史展览、文化讲座、校友分享等形式，将这些文化资源传递给每一位学生，让他们在了解学校历史的过程中，感受到学校的育人精神和文化传承。学生社团是校园文化的重要载体，也是学生展示自我、锻炼能力的平台。学校应鼓励学生积极参与各类文化、艺术、科技、体育等社团活动，通过社团活动的组织和参与，提高学生的综合素质和创新能力。学校还应加强对社团的管理和指导，确保社团活动的规范性和有效性。在营造校园文化氛围的过程中，高职院校还应注重将思想政治教育融入其中。通过举办主题班会、党团日活动、形势政策报告会等，引导学生树立正确的世界观、人生观和价值观，增强他们的社会责任感和使命感。学校还应加强对网络文化的引导和管理,营造清朗的网络空间,为学生的健康成长提供良好的网络环境。

(二)实施“一站式”学生社区综合管理模式

随着高等教育改革的深入,学生社区已成为学生生活、学习和交流的重要场所。为了更好地实现“三全育人”目标,高职院校应将“一站式”学生社区综合管理模式纳入学校综合改革的重要举措。“一站式”学生社区建设应以学生楼宇为单位、学生宿舍为依托,设置功能性党支部、团支部等组织机构。辅导员和管理队伍应全部下沉到党团支部,与学生同吃同住同学习,及时了解学生的思想动态和需求。通过每月召开例会,及时探讨新举措、新问题、新思路,确保学生社区管理工作的针对性和实效性。在“一站式”学生社区建设中,高职院校还应注重加强学生的思想引领。通过开展主题教育、心理健康教育、职业规划指导等,引导学生树立正确的价值观和人生观,增强他们的自我认知和自我管理能力。学校还应加强对学生的法治教育和安全教育,提高学生的法律意识和安全防范能力。

(三)科学合理的评价与反馈机制

为了实现“三全育人”目标,高职院校需要建立科学合理的评价与反馈机制,对育人实施情况进行监测和评估。这些标准和指标应涵盖育人的各个方面,如学生思想政治素质、综合素质、创新能力等。通过定期对学生进行评价和考核,及时了解育人的实施效果和存在的问题。通过学生评价、教师反馈、家长意见等多种渠道,收集育人的相关信息和数据。对这些信息和数据进行分析和处理,及时发现问题并采取有效措施进行改进。学校还应加强对育人过程的监督和管理,确保育人的规范性和有效性。将评价结果作为改进育人工作的重要依据,及时调整育人的策略和方法。学校还应加强对育人成果的宣传和推广,提高育人的社会认可度和影响力。

五、构建全员参与的育人团队

(一)党政领导干部

党政领导干部不仅是育人工作的决策者,更是实施过程的推动者和保障者。为了确保“三全育人”的有效实施,必须建立健全党委统一领导、党政齐抓共管、职能部门组织协调、师生员工积极参与的工作机制。党政领导干部要明确责任分工，制定详细的责任清单和考核评价机制。党委应统筹全局，制定育人工作的总体规划和政策导向；行政部门则具体负责育人工作的组织实施和协调推进。要将育人工作纳入学校绩效考核体系，确保各项任务得到有效落实。要加强工作督导和检查，确保育人工作的规范性和实效性。党政领导干部应定期深入教学一线，了解育人工作的实际情况，及时发现并解决问题。要通过资源配置和政策支持来保障育人工作的顺利开展，为师生提供必要的教学设施和活动场地，营造良好的育人环境。此外，党政领导干部还应积极开展特色思想政治教育活动，如“校长讲开学第一课”“书记讲形势政策课”等。这些活动不仅能够增强师生的思想认同和政治觉悟，还能够激发师生的爱国热情和责任担当，为育人工作注入强大的精神动力。

（二）专兼职教师

教师是高职院校育人工作的主体，他们的专业素养和教学能力直接关系到育人工作的质量和效果。因此，培养一支高素质、专业化、富有创新精神的教师队伍是实现“三全育人”目标的关键。专兼职教师应扮演好教书育人的角色，不仅负责教学工作，还要积极参与学生综合素质培养的各项活动和课程设计。他们要发挥自己的专业优势，将思政元素与专业课程贯通融合，使学生在学习专业知识时接受思想政治教育的熏陶和引领。为了实现这一目标，专兼职教师应不断更新教学理念和方法，采用启发式、讨论式等多样化的教学方式，激发学生的学习兴趣和参与度。他们还要关注社会热点和时事政治，将相关内容融入课堂教学中，增强学生的社会责任感和使命感。此外，专兼职教师还应积极参与学生生产实践活动，将思想政治教育与专业学习相结合。通过组织学生参与社会实践、志愿服务等活动，使学生在实践中感悟思政、体验思政，从而提高思政教育的实效性和感染力。

（三）学工队伍教师

学工队伍教师是高职院校育人工作的重要力量，他们负责日常管理和服务工作，与学生的接触最为密切。因此，学工队伍教师应积极关注学生的成长情况，提供必要的支持和帮助。在日常工作中，学工队伍教师应利用高校推行“一站式”“书院制”“铸魂育人”等建设契机，探索学生社区管理模式。他们要将育人团队下沉至社区一线，利用空间优势持续、广泛、深入了解学生思想动态，及时发现并解决学生的问题和困惑。学工队伍教师还应加强家校沟通，建立有效的家校合作机制。他们要将学生日常表现和特殊问题学生情况及时反馈给家长，与家长共同商讨解决方案。他们要将沟通过程与成效形成书面材料归档，做好典型案例的持续跟踪和分析，为今后的育人工作提供借鉴和参考。

六、完善全程育人的场域

（一）入校阶段

通过组织新生观摩学校校史馆、科技馆等育人场域，让新生在直观的感受中了解学校的历史沿革、文化底蕴和科研成果，从而增强他们对学校的认同感和归属感。校史馆中展现的辉煌历程和杰出校友事迹，可以激发新生的自豪感和荣誉感，激励他们为学校的未来发展贡献自己的力量。科技馆则通过展示最新的科技成果和创新实践，拓宽新生的视野，激发他们对科学技术的兴趣和追求。开设学习方法课程和专业知识补习课程，帮助新生尽快适应大学的学习方式和节奏。学习方法课程可以教授新生如何高效学习、如何合理安排时间、如何培养自主学习能力等，为他们的学业成功打下坚实的基础。专业知识补习课程则针对新生在专业知识上的薄弱环节进行有针对性的辅导，帮助他们更好地掌握专业基础知识，为后续的专业学习做好准备。此外，办好新生开学典礼，落实学生导师制度也是入校阶段的重要环节。开学典礼作为新生正式成为学校一员的重要标志，应庄重而热烈，让新生感受到学校的热情和期待。学生导师制度的实施则可以为新生提供个性化的指导和帮助，在就业创业、学业、生活等方面给予他们全面的指导和支持，帮助他们更好地规划自己的未来发展。

（二）在校阶段

在校阶段是高职院校育人工作的核心阶段，这一阶段的教育和培养对于学生的综合素质提升和专业技能掌握具有决定性的影响。因此，高职院校应注重学生基本素质的培养，既注重专业素质又要开足通识教育课程，营造“五育”并举的育人环境。在专业素质培养方面，高职院校应紧密结合市场需求和行业发展趋势,不断优化专业设置和课程体系,确保学生掌握最新的专业知识和技能。通过积极开展社会实践、创新创业比赛等活动,锻炼学生的实践能力和创新能力,培养他们的团队协作精神和解决问题的能力。在通识教育方面,高职院校应开足开齐通识教育课程,涵盖人文、社会、科学、艺术等多个领域,拓宽学生的知识面和视野。通过通识教育,培养学生的文化素养、审美情趣和批判性思维能力,使他们成为具有全面素质的高素质人才。此外,高职院校还应积极邀请基层干部、企业劳动模范、“五一”劳动奖章获得者、优秀毕业生代表等走进课堂,开展“未来工匠”精神讲座。这些讲座不仅可以让学生近距离感受行业精英的风采和魅力,还可以激发他们对未来职业生涯的憧憬和追求。

(三)离校阶段

离校阶段是高职院校育人工作的收尾阶段,但这一阶段的工作同样重要且不可忽视。高职院校应抓好毕业典礼、离校手续办理等各个环节,以人文关怀浸润学生心灵。毕业典礼作为学生在校生活的圆满结束和新生活的开始,应庄重而温馨。通过精心策划和组织毕业典礼,让学生感受到学校的深情厚谊和美好祝愿。在离校手续办理过程中,高职院校应提供便捷高效的服务,确保学生能够顺利办理各项手续,减少他们的后顾之忧。离校后,高职院校还应充分发挥校友会资源,组织各地校友联谊活动。通过校友联谊活动,让毕业生与学校保持亲密联系,分享他们的成功经验和人生感悟,为在校生提供榜样和示范。

七、建立类型丰富的育人格局

(一)注重学生思维能力培养

理论课程是学生学习专业知识的基础,通过系统的理论讲授,学生可以掌握学科的基本概念和原理,为后续的实践操作提供理论支撑。专业实操课程则是将理论知识转化为实践技能的重要环节,通过模拟真实的工作场景,让学生在实践中加深对理论知识的理解,提高解决实际问题的能力。劳动实践课程则是培养学生劳动观念和劳动精神的有效途径。通过参与劳动实践,学生可以亲身体验劳动的艰辛与快乐,理解劳动的价值和意义,从而培养勤劳、节俭、自律等优秀品质。心理育人课程则关注学生心理健康,通过心理健康教育、心理辅导等方式，帮助学生建立良好的心理素质，增强应对压力和挑战的能力。此外，高职院校还应结合学术讲座、参加学术会议等方式，拓宽学生的学术视野，激发学生的学术兴趣和创新思维。

（二）重视实操能力培养

高职院校需通过实验、实训、实习、竞赛等多种课程方式，提高学生的技能水平。实验课程可以让学生亲手操作实验设备，观察实验现象，培养实验技能和科学思维。实训课程则是在模拟真实工作环境中进行技能训练，让学生熟悉工作流程和操作规范。实习课程则是让学生到企业、工厂等实际工作岗位上进行实践锻炼，提高学生的职业素养和适应能力。竞赛课程则是通过组织各类技能竞赛，激发学生的竞争意识和创新精神，提高学生的实操水平和团队协作能力。高职院校还应注重与企业、行业的合作，共同开发实训课程和项目，引进先进的实训设备和技术，为学生提供更加真实、高效的实训环境。

（三）注重人文素养培养

在知识型课堂和技能型课堂中，高职院校还应践行“大思政课”理念，培养学生正确的价值观和道德观。人文素养是学生综合素质的重要组成部分，也是学生未来职业发展中不可或缺的软实力。高职院校需通过文化课程和丰富多彩的礼仪课程、志愿服务、社会实践等方式，提高学生的人文素养和道德修养。文化课程可以让学生了解到中华优秀传统文化和世界多元文化，培养学生的文化自觉和文化自信。礼仪课程则可以提高学生的礼仪素养和社交能力，让学生具备良好的职业形象和职业素养。通过参与志愿服务和社会实践，学生可以了解到社会的真实面貌和民生疾苦，增强自己的社会责任感和使命感。

八、推进产教融合协同育人

（一）建立校企利益融合机制

产教融合的核心在于校企双方的利益共享与优化配置，要建立校企利益融合机制，首先需明确双方的合作目标和共同利益点，形成利益共同体。这一共同体的建立，不仅基于双方对高素质技术技能型人才的需求，还体现在对科研创新、技术转化、市场拓展等多方面的共同追求。在实践中，校企双方可通过共同投资、合作研发、共享成果等方式，实现利益的深度融合。学校可依托企业的行业优势和技术资源，开展贴近市场需求的教学和科研活动，提高人才培养的针对性和实效性。企业则可借助学校的科研力量和人才储备，进行新技术、新产品的研发和推广，提升市场竞争力。校企双方还应建立起完善的利益分配机制，确保合作成果的公平合理分配。这既包括对知识产权的明确界定和保护，又包括对合作过程中产生的经济效益的合理分配。

（二）建立校企制度融合机制

学校和企业的制度环境存在显著差异，但正是这种差异为校企制度融合提供了可能。要建立校企制度融合机制，学校应主动借鉴企业的优秀管理制度和经验，将其融入人才培养过程和学生的日常生活中。在人才培养方面，学校可引入企业的实习实训制度、项目管理机制等，让学生在校期间就能接触到真实的工作环境和流程，提前适应职场要求。学校还应将企业的规范操作、工匠精神等思政元素融入教学中，通过润物细无声的方式，培养学生的职业素养和职业道德。此外，校企双方还应共同制定人才培养标准和评价体系，确保人才培养质量与企业需求相契合。通过制度融合机制的建立，学校可更好地服务于企业的人才需求，企业也可为学校提供实践平台和就业指导，形成良性互动。

（三）建立校企人员融合机制

要建立校企人员融合机制，校企双方应在管理层面上形成职业教育治理共同体，共同参与人才培养和企业管理的决策过程。具体实践中，校企双方可每年互聘对方中层管理人员参与岗位工作，通过角色互换和亲身体验，增进双方对彼此工作环境和流程的了解。双方还可共同制订学校的人才培养方案和企业员工的继续教育及培训方案，确保人才培养的针对性和实效性。通过人员融合机制的建立，校企双方可形成更加紧密的合作关系，共同推动职业教育的改革与发展。学校可借助企业的实践经验和行业洞察，优化人才培养方案；企业则可依托学校的科研力量和人才储备，提升员工的职业素养和创新能力。

（四）建立校企资源融合机制

资源融合是校企利益共同体存在的前提条件。要建立校企资源融合机制，校企双方应在不影响对方教学或生产的前提下，共享共用资源。具体来说，学校可为企业提供科研平台、实验室、图书馆等教育资源，支持企业的技术研发和员工培训；企业则可为学校提供实习实训基地、生产设备、技术资料等实践资源，支持学校的教学和科研活动。通过资源融合机制的建立，校企双方可实现资源的优化配置和高效利用。校企双方还应建立起完善的资源共享和管理机制，确保资源的合理使用和维护。这既包括对共享资源的明确界定和保护，又包括对资源共享过程中产生的成本和收益的合理分配。通过资源融合机制的建立，校企双方可形成更加紧密的合作纽带，共同推动产教融合的深度发展。

第四章 区域文化赋能高职院校育人的模式构建

第一节 模式构建的原则与目标

一、模式构建的原则

（一）协同性原则

协同性原则在高职院校与区域文化的融合中扮演着至关重要的角色，它强调二者之间的密切协作和共同进步，旨在构建一种相互依存、相互促进的和谐关系。高职院校作为区域文化传承与创新的重要载体，应当主动融入区域文化环境，深入挖掘和整合区域文化的丰富资源，将其有机地融入课程体系、教学方法、活动安排等教育实践的各个环节。高职院校可以积极组织地域文化节、地方历史讲座、传统技艺展示等多样化的文化活动，为学生搭建一个近距离接触和了解本地文化的平台。这些活动不仅能够丰富学生的校园文化生活，还能够让他们在接受现代教育的同时深入体验和理解本地文化的独特魅力和深厚底蕴。通过参与这些活动，学生可以更加直观地感受到区域文化的多样性和包容性，从而增强对本地文化的认同感和归属感。通过这种合作，高职院校可以充分利用区域文化机构的专业优势和社区的文化资源，共同推动文化的传承与创新。这种合作也能够实现文化的双向互动与共享，促进高职院校与区域文化之间的深度融合和共同发展。

（二）系统性原则

系统性原则在高职院校构建区域文化赋能的育人模式中具有核心指导地位，它要求高职院校在育人过程中必须注重教育活动的整体性与连贯性，确保区域文化教育的全面渗透和深度融合。这一原则的实施，意味着高职院校需要将区域文化元素系统地融入人才培养方案、教学计划、课程设置等教育的各个关键环节，形成一套完整、有序的文化教育体系。从人才培养方案的顶层设计到具体教学计划的实施，再到课程设置的细化，都应充分考虑区域文化的特色与优势，确保学生在学习的全过程中都能感受到区域文化的熏陶和影响。高职院校还应建立一套科学、合理的区域文化教育评价体系，对学生的学习成果、文化素养提升等方面进行全面、客观的评估。这一评价体系不仅应关注学生对区域文化知识的掌握程度，还应重视学生对区域文化的理解、认同和传承能力，以及基于地域文化根基所形成的对所在社会及文化的深刻理解与自我认同。通过系统性原则的实施，高职院校可以构建一个全方位、多层次的文化育人环境，促进学生在德智体美劳各方面的全面发展。这种育人环境不仅有助于学生拓宽全球视野、丰富理论知识，更能在地域文化的根基上，培养学生的文化自觉和文化自信，使他们成为具有深厚文化底蕴和强烈社会责任感的高素质人才。

（三）可持续性原则

可持续性原则着重强调教育活动与文化传承的长期发展愿景及其对社会文化的深远影响。高职院校在践行这一原则时，应深刻认识到文化资源的珍贵性与脆弱性，注重对这些资源的保护与传承，避免在开发利用过程中出现过度商业化或滥用的现象，确保文化资源的原生性与纯粹性得以延续。为此，高职院校需建立一套自我更新、自我完善的系统机制，以确保区域文化教育的持续性和创新性。这一机制应涵盖课程内容的定期更新、教学方法的不断优化以及教育资源的持续拓展等方面，使区域文化教育能够紧跟时代步伐，满足社会发展的新需求。

（四）以人为本原则

以人为本原则强调教育应以学生为中心，全面关注学生的身心发展及个性需求，致力于培养具有全面素质和独特个性的优秀人才。在构建区域文化赋能的育人模式时，高职院校更应深刻践行这一原则，注重学生的主体性和参与性，将他们视为文化传承与创新的主体力量。具体而言，高职院校应鼓励学生在学习过程中主动探索区域文化的魅力与价值，通过亲身体验、实践操作等方式，深化对本土文化的理解和认同。为此，院校应设计一系列以区域文化为主题的教育活动，如文化考察、民俗体验、艺术创作等，让学生在参与中感受文化的韵味,领略文化的博大精深。高职院校还应充分考虑学生的兴趣、特长和职业规划等个性化需求,提供多样化的区域文化教育资源和实践机会。通过开设选修课程、举办文化讲座、建立文化实践基地等多种方式,满足学生不同的学习需求和发展方向,使他们在自己感兴趣的领域深入挖掘,充分发挥个人潜能。

二、模式构建的目标

(一)培养具有地域文化特色的高素质技术技能人才

1. 区域文化元素融入课程体系

高职院校作为培养高素质技术技能人才的重要场所,其教育体系不仅应关注专业技能的传授,还应注重文化素养和审美能力的全面提升。为此,高职院校应将区域文化元素有机融入课程体系之中,通过开设具有地域特色的专业课程,使学生在掌握专业知识时深入领略区域文化的独特魅力。这些专业课程可以涵盖地方历史、民俗风情、传统艺术等多个方面,通过系统的教学安排,让学生全面了解区域文化的历史渊源、发展脉络和独特价值。应结合现代教学手段和方法,如多媒体教学、实地考察等,使学生能够更加直观地感受和理解区域文化的精髓。这种教学模式不仅能够拓宽学生的知识视野,还能够激发他们的文化兴趣和审美情感,从而提升他们的文化素养和审美能力。

2. 实践课程与文化活动并重

除了专业课程的设置,高职院校还应注重实践课程和文化活动的开展。通过组织具有地域特色的实践课程,如地方文化调研、非物质文化遗产传承项目等,让学生在实际操作中亲身体验和学习区域文化,增强他们对区域文化的认知和理解。这些实践课程不仅能够锻炼学生的实践能力和创新能力,还能够培养他们的团队协作精神和社会责任感。此外,高职院校还应定期举办各种文化活动,如文化节、艺术展、民俗表演等,为学生提供展示和传播区域文化的平台。通过这些活动,学生可以更加深入地了解家乡的文化底蕴,增强对地域文化的认同感和自豪感。这些活动还能够促进学生的交流和互动,增强他们的归属感和集体荣誉感。

(二)区域文化的传承与创新

1. 高职院校承担区域文化传承的历史使命

高职院校,作为教育与文化传承的重要交汇点,承载着弘扬和传承区域文化的历史使命。区域文化,作为地方历史、民俗、艺术及智慧的结晶,是民族文化的重要组成部分,也是地方特色和身份认同的标志。因此,高职院校应主动承担起这一历史重任,通过构建区域文化赋能的育人模式,为学生提供深入了解和体验区域文化的平台与机会。在这一模式下,高职院校可以开设一系列具有地域特色的专业课程,如地方历史文化、民俗学研究、传统艺术欣赏等,让学生在学习专业知识时也能领略到区域文化的独特魅力。这些课程不仅应注重知识的传授,更应强调文化的体验和感悟,引导学生深入挖掘区域文化的内涵和价值,从而培养他们对地方文化的热爱和尊重。

2. 注重培养学生的文化传承与创新意识

在传承区域文化的过程中,高职院校还应注重培养学生的文化传承与创新意识。文化传承不仅仅是对传统知识的简单复制,更是对传统精神的领悟和传承。因此,高职院校应鼓励学生在学习和实践中不断挖掘和弘扬区域文化的精髓,通过参与文化调研、非物质文化遗产保护、文化活动策划等实践活动,让学生亲身体验到文化传承的艰辛与乐趣,从而增强他们的文化责任感和使命感。高职院校还应注重培养学生的创新意识,在传承的基础上,鼓励学生结合现代科技手段,对区域文化进行创造性转化和发展,让传统文化在新的时代背景下焕发出新的生机与活力。例如,可以引导学生利用数字媒体技术,对地方传统艺术进行创作和传播,让更多人了解和欣赏到区域文化的独特魅力。

(三)提升高职院校的文化育人水平和社会影响力

1. 区域文化元素融入教育实践

高职院校作为高等教育的重要组成部分,其育人模式的构建与优化对于提升教育质量和教学效果具有至关重要的作用。区域文化,作为地方独特的文化资源,蕴含着丰富的历史底蕴、民俗风情和艺术特色,为高职院校的教育实践提供了宝贵的素材和灵感。通过将区域文化元素融入课程体系、教学方法和活动安排等教育实践的各个环节,高职院校可以极大地丰富和完善其教育内容,使教学更加贴近地方实际,更加具有针对性和实效性。具体而言,高职院校可以开设一系列具有地域特色的课程,如地方历史文化讲座、民俗艺术实践课等,让学生在掌握专业知识时深入了解和体验区域文化的独特魅力。在教学方法上,可以采用案例分析、实地考察等多样化的教学手段,增强学生的直观感受和实践能力。此外,还可以通过举办文化节、艺术展览等丰富多彩的文化活动,激发学生的文化兴趣和创造力,提升他们的文化素养和审美能力。

2. 校企合作与文化研究

通过与区域文化机构的合作,高职院校可以参与到区域文化的挖掘、整理和保护工作中来,为区域文化的传承与发展贡献智慧和力量。通过与社区的合作,高职院校可以将其教育成果和文化研究成果转化为实际的文化产品和服务,满足社区居民的文化需求,提升高职院校的社会影响力和知名度。

(四)构建具有地域特色的高职院校文化育人体系

1. 区域文化精髓塑造独特校园文化氛围

高职院校作为高等教育体系中的重要组成部分,不仅承担着培养高素质技术技能人才的任务,还肩负着传承与创新地域文化的历史使命。构建具有地域特色的高职院校文化育人体系,是高职院校在新时代背景下提升文化软实力、增强教育竞争力的重要途径。通过深入挖掘和弘扬区域文化的精髓与价值,高职院校可以形成独特的校园文化氛围和教育理念,为学生的全面发展提供丰富的文化滋养。具体而言,高职院校应将区域文化元素融入人才培养方案、教学计划、课程设置等各个环节。在人才培养方案的设计中,应充分考虑地域文化的特色和需求,明确培养目标中对于地域文化素养的要求。在教学计划的制订中,应合理安排具有地域特色的课程内容,确保学生能够在学习过程中充分接触到区域文化的精髓。在课程设置上,可以开设一系列具有地域特色的选修课程或专题讲座,如地方历史文化、民俗艺术欣赏、地域经济发展研究等,让学生深入了解地域文化的历史渊源、发展脉络和独特价值。高职院校还应建立具有地域特色的课程体系、教学方法和活动安排。课程体系应注重地域文化的系统性和完整性,通过多学科交叉融合,形成独具特色的教学体系。教学方法应采用多样化的教学手段,如实地考察、案例分析、项目驱动等,让学生在实践中感受和理解地域文化。活动安排则应丰富多彩,如举办文化节、艺术展览、民俗表演等，为学生提供展示和传播地域文化的平台，增强他们的文化认同感和自豪感。

2. 校企合作形成独特品牌形象与竞争优势

在构建地域特色文化育人体系的过程中，高职院校还应注重与外部的合作与交流。高职院校可以与区域文化机构合作开展文化研究项目，深入挖掘区域文化的内涵和价值，为区域文化的传承与发展提供理论支持。可以与社区合作开展文化教育活动，如文化讲座、艺术培训、民俗体验等，让更多的人了解和热爱区域文化。此外，高职院校还可以利用自身的教育资源和技术优势，为区域文化产业的发展提供智力支持和技术服务。通过构建具有地域特色的高职院校文化育人体系，高职院校可以形成独特的品牌形象和竞争优势。这种品牌形象不仅体现在校园文化的独特性和教育理念的先进性上，还体现在所培养的人才具有区域文化特色和高素质技术技能上。这样的人才不仅能够满足区域经济社会发展的需求，还能够推动区域文化的传承与创新发展，为区域文化的繁荣与发展做出积极贡献。

（五）推动区域经济社会与高职教育的协同发展

1. 融入区域文化元素，服务区域经济社会发展需求

高职院校作为高等教育的重要组成部分，其育人模式的构建与优化不仅关乎教育本身的质量与效果，更与区域经济社会的发展紧密相连。通过融入区域文化元素，高职院校可以更好地对接区域经济社会的发展需求，为地方经济社会的繁荣做出积极贡献。具体而言，高职院校应根据区域产业结构和人才需求的变化，灵活调整专业结构和课程设置。随着区域经济的不断发展和产业结构的优化升级，对人才的需求也在不断变化。高职院校应紧密关注市场动态，及时调整相关专业，开设与区域主导产业和新兴产业紧密相关的课程，为地方经济培养适销对路的高素质技术技能人才。在教学方法和手段上，也应注重与区域实际相结合，采用案例教学、项目教学等实践性强的教学方式，提高学生的实际操作能力和解决问题的能力。此外，高职院校还应积极与企业、行业等建立合作关系，共同开展人才培养和科学研究等活动。通过校企合作，高职院校可以及时了解企业的用人需求和技术难题，将企业的实际需求融入教学和科研中，提高人才培养的针对性和实效性。高职院校还可以利用自身的科研优势，为企业提供技术支持和解决方案，促进产学研用的深度融合。

2. 参与区域文化建设，推动文化传承与创新发展

除了服务于区域经济社会发展需求外，高职院校还应积极参与区域文化建设和社会服务等活动，提升社会影响力和知名度。高职院校作为文化传承与创新的重要基地，拥有丰富的文化资源和人才优势。通过与区域文化机构、社区等建立合作关系，共同开展文化研究与教育项目等活动，可以推动区域文化的传承与创新发展。一方面，高职院校可以组织师生深入社区、乡村等地，开展文化调研和挖掘工作，整理和保护区域文化遗产，为区域文化的传承与发展贡献力量。另一方面，高职院校还可以利用自身的教育资源和平台优势，举办各种文化讲座、展览、演出等活动，丰富群众的精神文化生活，提高民众的文化素养和审美能力。通过参与区域社会服务活动，高职院校还可以展示自身的办学成果和师生风采，提升社会影响力和知名度。这种良性互动不仅可以增强高职院校的社会认可度和美誉度，还可以为地方经济社会的发展营造良好的文化氛围和外部环境。

第二节　“文化+课程”融合育人模式

一、构建具有地域特色的课程体系

（一）地域文化的挖掘与整理

高职院校应依托校内外的专家学者，他们具备深厚的学术功底和丰富的研究经验，能够对地域文化进行深度剖析与解读。高职院校还应积极与文化机构建立合作关系，这些机构往往掌握着大量的地域文化资料和研究成果，能够为高职院校的地域文化研究提供有力支持。此外，社区作为地域文化的重要载体和传承者，也应成为高职院校挖掘与保护地域文化的重要力量。通过深入社区，高职院校可以近距离接触和了解地域文化的生动实践，从而更加准确地把握地域文化的精髓与特色。在挖掘与保护地域文化的过程中，高职院校应注重形成具有地域特色的文化数据库。这一数据库不仅应包含地域文化的基本信息和历史沿革，还应涵盖地域文化的传承现状与发展趋势。通过构建这样的文化数据库，高职院校可以为“文化+课程”融合育人模式提供丰富而系统的素材基础。这些素材不仅能够丰富课程内容，提升课程的趣味性和实效性，还能够引导学生在学习过程中深入了解和传承地域文化，从而培养出具有深厚文化底蕴和强烈文化认同感的高素质技术技能人才。

(二)文化元素的课程化转化

将地域文化元素有机融入课程体系，是“文化+课程”融合育人模式中不可或缺的关键环节，对于提升高职院校的教育质量和培养学生的文化素养具有深远意义。高职院校在构建课程体系时，应充分考虑自身的专业特点和人才培养目标，寻找地域文化与专业知识的契合点，通过巧妙融合，开发出既具有专业性又富含地域特色的课程。具体而言，如对于旅游管理专业而言，高职院校可以开设“地方文化旅游开发”课程。该课程不仅应涵盖旅游管理的基本理论知识和实践技能，还应深入挖掘地方文化的旅游价值，如历史遗迹的文化内涵、民俗风情的独特魅力、地方特色美食的吸引力等。通过课程教学，学生不仅能够掌握旅游管理的专业知识，还能够深入了解地方文化的旅游开发潜力，为未来的职业生涯奠定坚实基础。在艺术设计专业中，高职院校可以开设“地域特色工艺品设计”课程。该课程应充分利用地域的传统工艺资源，如陶瓷、刺绣、木雕等，引导学生学习并传承这些传统技艺。通过课程设计，学生可以在掌握艺术设计基本原理和方法的基础上，融入地域文化元素，创作出具有独特风格和地域特色的工艺品。这样的课程不仅能够培养学生的创新思维和实践能力，还能够促进地域文化的传承与发展。

(三)文化氛围的营造与熏陶

高职院校在培养高素质技能型人才的同时还应高度重视营造具有鲜明地域特色的校园文化氛围，这是提升学校文化内涵、增强学生文化认同感的重要途径。为实现这一目标，高职院校应积极策划并举办各类丰富多彩的文化节活动，这些活动不仅要涵盖学术讲座、知识竞赛等传统形式，更应注重融入地域文化的独特元素，如地方戏曲表演、传统手工艺展示等，让学生在参与过程中深切体会到地域文化的深厚底蕴和独特魅力。此外，艺术展览也是展示地域文化的重要窗口，高职院校可邀请当地艺术家进校举办个展或联展，通过绘画、雕塑、摄影等多种艺术形式，全方位、多角度地呈现地域文化的丰富内涵和独特风貌。

民俗表演作为地域文化的重要组成部分，同样不容忽视。高职院校可组织学生进行民俗文化的调研与学习，并在此基础上编排具有地域特色的民俗表演节目，如地方舞蹈、民间音乐演奏等，既锻炼了学生的组织能力和表演才能，又使他们在实践中加深了对地域文化的理解和认同。除了上述活动形式，校园建筑和景观设计也是营造地域特色校园文化氛围的重要手段。高职院校在新建或改建校园建筑时，应充分考虑地域文化的融入，如采用当地特有的建筑材料、建筑风格，以及体现地域文化符号的装饰元素等，使校园建筑成为地域文化的生动载体。校园景观设计也应注重体现地域特色，如设置具有地方特色的雕塑、小品，种植当地特有的植物等，使学生在日常的学习和生活中能够随时随地感受到地域文化的熏陶和影响，从而在潜移默化中培养起对地域文化的热爱和传承意识。

二、课程创新：促进文化与专业的深度融合

（一）跨学科课程的开设

“文化+课程”融合育人模式作为高职教育改革的重要方向，要求高职院校必须打破传统学科之间的壁垒，打破固有的学科界限，积极探索和实践跨学科课程的开设与融合。在这一模式下，高职院校应致力于将文学、历史、艺术等蕴含深厚人文底蕴的社科类课程，与工程技术、农业科技等具有强烈实践导向的理工科类课程进行有机整合，通过创新性的课程设计，开设出如“文化与技术融合创新”等一系列具有前瞻性和实用性的跨学科课程。这类跨学科课程不仅仅是对传统学科知识的简单拼凑或叠加，而是要在深入挖掘各学科内在联系和相互作用的基础上，实现知识体系的重构和融合。在课程内容的设计上，应注重将人文社科类的思维方式、审美观念和价值导向融入理工科类的实践操作中，使学生在掌握专业技能的同时也能够具备深厚的人文素养和广阔的视野。通过这类跨学科课程的学习，学生能够在多元的知识体系中自由穿梭，培养起跨学科的思维方式和综合解决问题的能力。这种综合素质和创新能力的培养，对于学生未来适应多元化、复杂化的社会需求具有至关重要的意义。它不仅能够使学生在职业生涯中具备更强的竞争力和适应能力，还能够激发他们的创新精神和探索欲望，为社会的创新发展和进步贡献更多的智慧和力量。

(二)实践教学环节的强化

实践教学作为高职院校教育体系中的核心组成部分,尤其在“文化+课程”融合育人模式中,更是扮演着举足轻重的角色。为了更有效地实施这一模式,高职院校应当积极寻求与地方企业、文化机构等外部实体的深度合作,通过共建共享的方式,建立起一系列校外实践教学基地,为学生提供一个将理论知识与实践操作紧密结合的平台。这些校外实践教学基地不仅应当涵盖各行各业,特别是与地域文化紧密相关的领域,更需注重其实践教学的针对性和实效性。以旅游管理专业为例,高职院校可以充分利用地方丰富的旅游资源,与当地旅游景区、旅行社等建立长期的合作关系,将学生安排到这些实际的工作场景中进行实习实训。在这样的实践环境中,学生不仅能够亲身参与到旅游服务的各个环节,如导游讲解、客户服务、市场营销等,还能在实践中深入学习和体验旅游文化的开发与推广策略。通过这样的实践教学,学生不仅能够将课堂上学到的旅游管理理论知识与实际工作相结合,提升自身的专业技能和实操能力,还能在实践中深刻感受到地域文化的独特魅力和价值,从而增强对地域文化的认同感和传承意识。这种“学中做、做中学”的教学模式,也有助于激发学生的创新思维和实践能力,为他们未来在旅游行业或其他相关领域的发展奠定坚实的基础。因此,加强与地方企业、文化机构的合作,建立校外实践教学基地,是高职院校实施“文化+课程”融合育人模式、培养具有实践能力和创新精神的人才的重要途径。

(三)课程评价体系的完善

为了确保“文化+课程”融合育人模式能够在高职院校中得到有效且深入的实施,完善课程评价体系显得尤为关键。这一评价体系的构建,不仅需要关注学生对专业知识的掌握程度,这是传统教育评价中的核心要素,更应当在此基础上进行拓展与深化,将学生的文化素养、创新能力以及实践能力纳入评价的重要内容之中。文化素养的评价,旨在考查学生对于人文社科知识的理解与运用,以及其在多元文化背景下所展现出的包容性与批判性思维;创新能力的评价,则侧重于学生在面对问题时能否提出新颖的解决方案,以及在学习和实践中所展现出的创造性和探索精神;而实践能力的评价,则主要关注学生将理论知识转化为实际操作的能力,以及其在实践活动中所表现出的团队协作与问题解决能力。在评价方法上,高职院校应当摒弃单一、传统的考试模式,转而采用更加多元、开放的评价方式。项目评价可以作为一种有效的手段,通过让学生参与完成一个具有实际意义的项目,来全面考查其知识运用、团队协作、问题解决等多方面的能力;作品展示则能够直观地展现学生的创新成果和实践成果,如设计作品、研究报告、实践案例等;口头报告则是一种考查学生沟通表达能力、逻辑思维能力和临场应变能力的好方法。

三、打造具有文化素养的教师队伍

(一)教师文化素养的提升

高职院校在推进"文化+课程"融合育人模式的过程中,应深刻认识到提升教师文化素养的重要性与迫切性。教师作为知识传授与文化传承的重要载体,其文化素养的水平直接影响着学生文化素养的培养和创新能力的提升。因此,高职院校应积极采取措施,通过组织形式多样的教师培训活动,如文化专题研修班、地域文化考察团等,引导教师深入了解和传承地域文化,增强其对地域文化的认同感和归属感。高职院校应鼓励教师将地域文化元素有机融入课堂教学之中,使课堂教学内容与地域文化相结合,不仅丰富了教学内容,还提高了教学的趣味性和实效性。教师可以通过案例分析、情境模拟等教学方式,让学生在学习专业知识的同时也能领略到地域文化的独特魅力,从而激发学生的学习兴趣和探索欲望。此外,高职院校还应积极拓展教师的学术交流渠道,邀请地方文化名人、专家学者来校讲学,为教师提供一个与业界权威人士面对面交流学习的平台。通过这些讲座、研讨会等学术交流活动,教师可以及时了解地域文化研究的最新动态,拓宽学术视野,提升文化素养。这也能促进教师之间的学术交流与合作,共同推动地域文化在高职院校中的传承与创新。

(二)跨学科教学团队的组建

"文化+课程"融合育人模式作为一种创新性的教育理念,对高职院校的课程开发与实施提出了全新的要求。为了有效践行这一模式,高职院校应当积极组建跨学科的教学团队,这些教学团队需由来自不同专业背景的教师共同构成,以确保课程内容的多元性与融合性。这些教师不仅应在本专业领域内具备深厚的学术功底和丰富的教学经验，还应具备较高的文化素养和跨学科的教学能力。文化素养的提升，能够使教师更好地理解和传承地域文化，将其精髓融入课程教学之中；而跨学科教学能力的具备，则是实现“文化+课程”有效融合的关键。在教学团队的组建过程中，应充分考虑各专业之间的互补性与协同性，确保团队成员能够充分发挥各自的专业优势。例如，文学教师可以提供丰富的文化素材和深厚的文化底蕴，艺术教师可以带来独特的审美视角和创新思维，而理工科教师则能提供实践操作的技能和科学研究的方法。通过团队成员之间的紧密合作与深入交流，可以共同探讨如何将地域文化与各专业课程有机融合，开发出既具有地域特色又符合教育规律的创新课程。这样的跨学科教学团队，不仅能够促进教师之间的学术交流与合作，还能够激发学生的跨学科学习兴趣，培养他们的综合素质和创新能力。在团队的合作与推动下，“文化+课程”融合育人模式将得以有效实施，为高职院校的教育教学改革注入新的活力，培养出更多适应多元化社会需求的高素质人才。

（三）教师激励机制的完善

为了充分调动教师参与“文化+课程”融合育人模式的积极性与创造性，高职院校急需完善并优化教师激励机制，以确保这一创新教育模式能够得到广大教师的积极响应和有效实践。在职称评定这一关乎教师职业发展的重要环节，高职院校应明确将教师在“文化+课程”融合育人模式中的贡献作为重要评价指标之一，对于那些在地域文化融入课程教学、跨学科课程开发等方面取得显著成果的教师给予充分认可，从而在职称晋升上给予倾斜和支持。在岗位晋升方面，高职院校也应建立相应的评价机制，鼓励教师积极参与“文化+课程”融合育人模式的实践与探索，将教师在该模式下的教学创新、科研成果以及对学生综合素质提升的影响作为岗位晋升的重要考量因素。此外，为了保障教师能够顺利开展地域文化研究和课程开发工作，高职院校应设立专项经费，为教师提供必要的物质支持和资源保障。这项经费可用于资助教师进行地域文化的实地考察、资料收集、研究出版以及课程开发所需的技术支持、教材编写等，从而减轻教师在探索和实践过程中的经济负担，让他们能够更专注于教学创新与课程研发。

四、推动文化与产业的融合发展

(一)校企合作平台的搭建

高职院校在推进“文化+课程”融合育人模式的过程中,应充分认识到与地方企业合作的重要性,积极搭建校企合作平台,以实现教育资源与产业资源的有效对接与深度融合。通过校企合作这一重要途径,高职院校与地方企业可以充分发挥各自的优势,共同开发具有鲜明地域特色的课程和培训项目。这些课程和培训项目应紧密结合地方企业的实际需求,注重培养学生的实践技能和职业素养,为地方企业输送具备扎实专业知识、熟练操作技能以及良好文化素养的高素质技术技能人才。校企合作还可以为地域文化的研究和推广工作提供有力支持。高职院校拥有丰富的学术资源和研究力量,而地方企业则深谙市场需求和产业发展趋势。双方可以携手合作,共同开展地域文化的深入挖掘、系统研究和广泛推广,将地域文化的独特魅力转化为产业发展的文化软实力。通过校企合作推动文化与产业的融合发展,不仅可以促进地方经济结构的优化升级,提升产业的文化附加值和市场竞争力,还可以为高职院校的“文化+课程”融合育人模式注入新的活力。校企合作平台将成为文化传承与创新的重要载体,为地方经济社会发展和文化繁荣做出积极贡献。

(二)产教融合项目的实施

在校企合作的坚实基础上,高职院校应进一步发挥其在教育、科研及文化传承方面的独特优势,积极推动产教融合项目的深入实施。这一过程中,高职院校与地方企业的合作不再局限于人才培养的单一维度,而是拓展至科技创新、产品研发及文化传承与推广等多个层面。具体而言,高职院校可以与地方企业携手,共同开展具有地域特色的产品研发和创新工作。深度合作,将高校的科研成果与企业的市场需求紧密结合,促进科研成果的有效转化,使其成为推动地方经济发展的实际生产力。这一过程中,不仅提升了产品的科技含量和市场竞争力,同时也为高职院校的科研活动提供了实践平台,加速了科研成果的产业化进程。此外,高职院校还应充分利用其在文化传承与创新方面的优势,与地方企业共同举办各类文化节庆活动、文化展览等,以此提高地域文化的知名度和影响力。通过这些活动,可以将地域文化的独特魅力和深厚底蕴展示给更广泛的公众,增强社会对地域文化的认同感和归属感。企业也能借此机会提升其品牌形象,实现文化与经济的双赢。

(三)社会服务功能的拓展

高职院校作为地方经济社会发展的重要组成部分,应不断拓展其社会服务功能,充分发挥自身在智力资源和技术服务方面的优势,为地方经济社会发展提供全面而有力的支持。具体而言,高职院校可以积极投身于地域文化旅游资源的开发与规划工作之中。通过深入调研地方的文化旅游资源现状,结合市场需求和发展趋势,高职院校可以运用其专业的知识和技能,为地方旅游产业的科学规划、合理布局以及特色产品的开发提供科学依据和智力支持。这不仅有助于提升地方旅游产业的竞争力和吸引力,还能促进地方文化的传承与弘扬,实现文化与经济的双赢发展。高职院校还应积极为地方企业提供文化咨询服务和文化品牌策划等服务。在日益激烈的市场竞争中,企业文化已成为企业核心竞争力的重要组成部分。高职院校可以凭借其深厚的文化底蕴和丰富的文化创新经验,为地方企业提供定制化的文化咨询服务,帮助企业挖掘和塑造独特的文化内涵,提升企业的文化软实力。此外,通过提供专业的文化品牌策划服务,高职院校还可以协助地方企业打造具有鲜明地域特色和市场竞争力的文化品牌,推动地方企业文化的建设和发展,进而提升企业的市场影响力和品牌价值。

第三节 "文化+实践"协同育人模式

一、"文化+实践"协同育人模式的内涵

"文化+实践"协同育人模式是一种将文化素养培育与实践技能训练有机结合的新型人才培养模式。该模式强调在传授专业知识、培养实践技能的同时注重对学生文化素养的熏陶和实践创新能力的培养。文化素养是个体综合素质的重要组成部分,它涵盖了人文知识、艺术修养、道德品质、价值观念等多个方面。在"文化+实践"协同育人模式中,高职院校应通过开设文化课程、举办文化活动、营造文化氛围等多种途径,加强对学生的文化素养培育,提升学生的文化品位和审美情趣。实践技能是高职院校学生的核心竞争力之一。在

“文化+实践”协同育人模式中,高职院校应注重实践教学环节的设计和实施,通过校企合作、工学交替、项目驱动等方式,为学生提供更多的实践机会和实践平台,提高学生的实践动手能力和解决实际问题的能力。在“文化+实践”协同育人模式中,文化与实践并不是相互独立的两个要素,而是相互融合、相互促进的。一方面,文化素养的培育可以为学生的实践创新提供灵感和动力;另一方面,实践技能的培养也可以加深学生对文化的理解和感悟,促进学生的全面发展。

二、“文化+实践”协同育人模式的实施路径

(一)构建课程体系,强化文化素养培育

1. 开设文化课程

高职院校作为培养高素质技术技能人才的重要基地,其课程体系不应仅局限于专业知识和技能的传授,还应注重学生的文化素养培育。因此,在专业课程体系中融入文化课程,是实现“文化+实践”协同育人模式的重要途径。文化课程应涵盖文学、艺术、历史、哲学等多个领域,以拓宽学生的知识视野。文学课程可以引导学生阅读经典文学作品,培养文学鉴赏能力和审美情趣;艺术课程则可以通过绘画、音乐、舞蹈等艺术形式,激发学生的创造力和想象力;历史课程则可以让学生了解人类社会的发展历程,增强历史责任感和使命感;哲学课程则可以引导学生思考人生、宇宙等根本问题,培养思辨能力和哲学素养。在开设文化课程时,高职院校应注重课程的系统性和连贯性,形成完整的文化知识体系。还应结合学生的专业背景和未来职业发展方向,有针对性地选择文化课程内容,使文化课程与专业课程相互补充、相互促进。例如,对于工科类专业的学生,可以开设与工程技术相关的历史课程,介绍工程技术的发展历程和重大发明创造背后的文化故事;对于文科类专业的学生,则可以开设与地域文化相关的文学课程,引导学生深入挖掘和传承地方文化。

2. 融合专业课程与文化元素

在专业课程的教学中,教师应注重挖掘课程中的文化元素,将文化知识与实践技能相结合。这种融合不仅有助于丰富学生的知识结构,还能使学生在学习专业知识时领略到文化的魅力,增强学习的兴趣和动力。例如,在机械制造专业的课程中,教师可以介绍中国古代的机械发明和工艺技术,如指南车、

活字印刷术等，让学生了解中国在古代机械制造领域的卓越成就；还可以结合现代机械制造技术的发展，引导学生思考如何在传承传统文化的基础上进行创新性发展。在旅游管理专业的课程中，教师可以融入地方文化的介绍，如民俗风情、历史遗迹等，使学生具备更丰富的文化知识底蕴，为未来的旅游服务工作打下坚实基础。融合专业课程与文化元素需要教师具备跨学科的知识背景和教学能力。高职院校应加强对教师的培训和支持，鼓励教师开展跨学科的教学研究和实践探索。

3. 开设选修课程

除了必修的文化课程和专业课程外，高职院校还应开设一系列与文化相关的选修课程，以满足学生个性化的学习需求。选修课程可以涵盖地方文化、民族文化、艺术鉴赏等多个领域，为学生提供更多的选择空间和学习机会。地方文化选修课程可以引导学生深入了解和研究所在地域的文化特色和历史渊源，增强学生的地域认同感和归属感。民族文化选修课程则可以让学生接触和了解不同民族的文化传统和风俗习惯，培养学生的跨文化交流能力和包容心态。艺术鉴赏选修课程则可以通过欣赏和分析不同艺术形式的作品，提高学生的艺术鉴赏能力和审美情趣。在开设选修课程时，高职院校应注重课程的多样性和灵活性。可以根据学生的兴趣和需求，灵活设置课程内容和教学方式。还应加强对选修课程的管理和评估，确保课程的教学质量和效果。

（二）加强实践教学，提升实践技能水平

1. 完善实践教学体系

实践教学体系是高职院校人才培养的重要组成部分，它直接关系到学生实践能力的培养和职业素养的提升。为了构建一个完善、高效的实践教学体系，高职院校应充分考虑学生的专业特点和发展需求，融合多种实践教学模式，为学生提供丰富多样的实践机会。实验实训是实践教学的基础环节。高职院校应建立完善的实验室和实训基地，配备先进的实验设备和实训设施，为学生提供模拟真实工作环境的实践平台。在实验实训过程中，教师应注重引导学生将理论知识与实际操作相结合，通过动手实践来加深对专业知识的理解，提升实践操作技能。

高职院校应积极与地方企业、行业协会等建立合作关系，拓展校外实习基地，为学生提供更多元化的实习机会。通过校外实习，学生可以深入企业一

线,了解企业的生产流程、技术需求和企业文化,增强对职业环境的认知,提升职业素养和适应能力。高职院校可以结合地方经济社会发展的实际需求,与企业合作开展项目研发、技术创新等活动,将学生的实践学习融入实际项目中。通过项目驱动,学生可以参与到真实的项目开发和实施过程中,锻炼问题解决能力、团队协作能力和创新思维能力,为未来的职业发展打下坚实的基础。为了完善实践教学体系,高职院校还应加强对实践教学的管理和评估。应建立实践教学管理制度,明确实践教学的目标、内容、方式和要求,确保实践教学的规范化和标准化。

2. 加强校企合作

校企合作是高职院校实践教学的重要途径,也是实现教育与产业深度融合的有效方式。通过校企合作,高职院校可以与企业建立紧密的合作关系,共同开展实践教学活动,为学生提供更多元化、更贴近实际的实践机会。在校企合作中,高职院校应充分发挥自身的专业优势和人才优势,为企业提供技术支持、人才培养等服务。企业也应积极参与高职院校的实践教学活动,为学生提供实习岗位、实践指导等支持。通过校企合作,可以实现教育资源和产业资源的共享与互补,促进教育与产业的深度融合。在校企合作过程中,高职院校应注重与企业建立长期稳定的合作关系。可以通过签订合作协议、建立校企合作基地等方式,明确双方的权利和义务,确保校企合作的顺利进行。

3. 鼓励创新创业

创新创业是高职院校实践教学的重要组成部分,也是培养学生创新精神和实践能力的重要途径。高职院校应鼓励学生积极参与创新创业活动,通过创办企业、参加创业比赛等方式,将所学的知识和技能转化为实际的生产力。为了激发学生的创新创业精神,高职院校可以开设创新创业课程,传授创新创业的基本知识和技能。还可以举办创新创业讲座、创业沙龙等活动,邀请成功创业者分享创业经验和心得,激发学生的创业热情和信心。可以建立创新创业孵化基地、创业园等,为学生提供办公场地、资金支持、法律咨询等服务。还可以与企业合作开展创新创业项目,为学生提供更多的实践机会和资源支持。在鼓励学生创新创业的过程中,高职院校应注重培养学生的团队协作能力和风险管理意识。可以通过组织创业团队、开展创业模拟实训等方式,提高学生的团队协作能力和风险管理能力。

（三）促进文化与实践的融合，培养实践创新能力

1. 开展文化实践活动

文化实践活动是高职院校文化教育的重要组成部分，它不仅能够为学生提供展示自己才华的舞台，还能够在实践中提高学生的文化素养和综合能力。因此，高职院校应定期举办各种形式的文化实践活动，如文化节、艺术展、文艺演出等，以丰富校园文化生活，激发学生的文化热情和创新精神。通过举办文化节，学校可以集中展示各专业的文化特色和学生的文化成果，如民族舞蹈、传统戏曲、书画展览等。这些活动不仅能够增强学生的文化自信，还能够促进不同专业、不同文化背景学生之间的交流与融合，营造多元共融的校园文化氛围。艺术展可以展示学生的艺术创作成果，如雕塑、绘画、摄影等，培养学生的审美能力和艺术表现力。文艺演出则可以为学生提供展示音乐、舞蹈、戏剧等才艺的机会，锻炼学生的表演能力和舞台表现力。这些活动不仅能够丰富学生的课余生活，还能够激发学生的创造力和想象力，提升学生的文化素养和实践能力。

为了确保文化实践活动的有效开展，高职院校应加强对活动的组织和策划。学校可以成立专门的文化实践活动组委会，负责活动的整体规划、宣传推广和具体实施。还应加强对活动效果的评估和反馈，及时调整和优化活动方案，提高活动的吸引力和影响力。此外，高职院校还应鼓励学生积极参与文化实践活动的筹备和表演过程，让学生在实践中锻炼自己的组织能力和团队协作能力。

2. 实施项目驱动教学

项目驱动教学是一种以学生为中心、以项目为载体的教学模式，它强调学生在实践中学习、在项目中成长。在高职院校的文化教育中，教师可以将文化元素融入项目任务中，引导学生在完成项目任务的同时深入了解和体验文化，锻炼学生的实践创新能力和团队协作能力。在项目驱动教学中，教师应根据专业特点和文化教育要求，设计具有文化特色的项目任务。例如，在旅游管理专业中，教师可以设计以地方文化为主题的旅游规划项目，要求学生调研地方文化资源、规划旅游线路、设计旅游宣传方案等。通过这样的项目任务，学生不仅能够深入了解地方文化，还能够锻炼自己的市场调研能力、规划设计和文案撰写能力。

在项目实施过程中,教师应注重引导学生的自主学习和合作探究。教师可以为学生提供必要的指导和支持,但不应过度干预学生的思路和决策。学生应在教师的引导下,自主查阅资料、分析问题、提出方案,并在团队中分工合作、共同完成任务。这样的教学过程不仅能够培养学生的实践创新能力和团队协作能力,还能够增强学生的自主学习意识和责任感。为了确保项目驱动教学的有效实施,高职院校应加强对教师的培训和支持。学校可以组织教师参加项目教学培训、文化交流活动等,提高教师的文化素养和教学能力。学校还应建立项目教学的评价机制和激励机制,对教师的项目教学成果进行评估和奖励,激发教师的教学热情和创新精神。

3. 建立文化实践基地

文化实践基地是高职院校文化教育的重要载体,它能够为学生提供更深入、更全面的文化体验和实践机会。因此,高职院校应与地方文化馆、博物馆、艺术馆等机构建立合作关系,共同建立文化实践基地,为学生提供更多的文化实践平台。在文化实践基地中,学生可以参与到文化馆、博物馆、艺术馆的日常运营和管理中,了解文化机构的运作机制和文化内涵。例如,学生可以在博物馆中担任讲解员,为参观者讲解文物的历史和文化背景;可以在艺术馆中参与艺术品的布展和策划工作,了解艺术品的展示方式和传播路径。这样的实践经历不仅能够增强学生的文化认同感,还能够锻炼学生的沟通能力和组织协调能力。除了参与到文化机构的日常运营中,学生还可以在文化实践基地中开展文化调研和实践活动。例如,学生可以针对地方特色文化进行调研,了解地方文化的历史渊源、发展现状和未来趋势;可以开展文化传承和创新实践活动,如民间手工艺品制作、传统节庆活动策划等。这样的实践活动不仅能够丰富学生的文化知识,还能够培养学生的实践创新能力和文化传承意识。

为了确保文化实践基地的有效运营和管理,高职院校应加强与地方文化机构的合作与沟通。学校可以与地方文化机构签订合作协议,明确双方的权利和义务;可以共同制定基地的运营计划和管理制度,确保基地的规范化和标准化运营。还应加强对基地运营效果的评估和反馈,及时调整和优化运营方案,提高基地的利用效率和影响力。

三、“文化+实践”协同育人模式的保障措施

(一)加强师资队伍建设

1. 引进高素质人才

高职院校在推进“文化+实践”协同育人模式的过程中,应积极引进具有深厚文化底蕴和丰富实践经验的教师。这些教师不仅具备扎实的专业知识,还能够在教学中融入丰富的文化内涵,使学生在掌握专业技能的同时也能够提升文化素养。具有深厚文化底蕴的教师,能够在教学过程中将传统文化与现代技术相结合,使学生在学习专业知识的同时领略到文化的魅力。他们能够通过讲解文化背景、历史渊源等,激发学生的学习兴趣,拓宽学生的视野,培养学生的文化自觉和文化自信。这些教师还能够引导学生深入挖掘文化内涵,将文化元素融入实践创新中,提升学生的创新能力和实践能力。具有丰富的实践经验的教师,则能够在教学过程中将理论与实践相结合,使学生在掌握理论知识的同时能够亲身体验到实践的过程和成果。他们能够通过分享自己的实践经验、案例分析等,使学生更好地理解专业知识的实际应用,增强学生的实践意识和实践能力。

这些教师的加入,不仅能够为高职院校的教学团队注入新的活力,还能够为“文化+实践”协同育人模式的实施提供有力的人才保障。因此,高职院校应制订科学的人才引进计划,明确引进人才的标准和要求。在引进过程中,应注重考查教师的文化素养、实践经验和教学能力,确保引进的教师能够胜任“文化+实践”协同育人模式的教学任务。高职院校还应为引进的教师提供良好的工作环境和发展空间,激发他们的教学热情和创新精神。

2. 加强教师培训

除了引进高素质人才外,高职院校还应加强对现有教师的培训,提高教师的文化素养和实践教学能力。通过培训,教师可以更好地理解和实施“文化+实践”协同育人模式,将文化元素和实践创新融入教学中,提升学生的综合素质。教师培训应注重针对性和实效性,根据教师的专业背景和教学需求,制订个性化的培训计划。培训内容可以包括文化素养提升、实践教学方法、课程设计与开发等方面。通过系统的培训,教师可以更深入地了解文化的内涵和价值,掌握实践教学的方法和技巧,提高课程设计和开发的能力。高职院校还应

鼓励教师参与学术交流和实践活动，拓宽教师的视野和思路。教师可以参加学术会议、研讨会等活动，与同行交流教学经验和心得；也可以深入企业、行业进行实践调研，了解行业发展的最新动态和技术需求。这些活动不仅能够提升教师的专业素养和实践能力，还能够为“文化+实践”协同育人模式的实施提供更多的教学资源和案例支持。

（二）完善教学设施条件

1. 加强实验室和实训基地建设

实验室和实训基地是高职院校实践教学的重要场所，是学生将理论知识转化为实践技能的关键环节。因此，高职院校应加大对实验室和实训基地的投入，不断完善教学设施条件，为学生的实践教学提供有力的支撑。首先，高职院校应根据专业特点和行业需求，合理规划实验室和实训基地的布局和配置。对于工科类专业，应重点建设机械加工、电子电工、自动化控制等实验室，配备先进的实验设备和仪器，满足学生进行专业实验和技能训练的需求。对于文科和管理类专业，则应注重建设模拟职场、商务谈判、客户服务等实训基地，模拟真实的工作场景，提高学生的职业素养和实践能力。其次，高职院校应加强对实验室和实训基地的管理和维护，确保设施设备的完好和有效运行。建立健全实验室和实训基地的管理制度，明确管理人员的职责和权限，加强对设施设备的日常维护和保养，及时维修和更换损坏的设备，确保实践教学的顺利进行。最后，高职院校还应积极与企业、行业合作，共同建设校外实训基地，拓展学生的实践空间。通过校企合作，学生可以深入企业一线，了解企业的生产流程和技术要求，参与企业的实际项目，提高自己的实践能力和职业竞争力。

2. 建设文化设施

除了实验室和实训基地外，高职院校还应重视文化设施的建设，为学生的文化素养培育提供丰富的资源。文化设施是校园文化的重要组成部分，也是学生精神文化生活的重要载体。图书馆是高职院校文化设施的核心。高职院校应加大对图书馆的投入，丰富馆藏资源，提高图书的质量和数量。图书馆应涵盖各个学科领域的书籍和期刊，满足学生不同层次的阅读需求。图书馆还应注重数字化建设，提供电子图书、在线数据库等资源，方便学生进行网络阅读和学习。艺术馆和文化展厅也是高职院校文化设施的重要组成部分。艺术馆可以展示学生的艺术作品和成果,激发学生的艺术创作热情和创新精神。文化展厅则可以展示学校的历史沿革、文化特色和成就荣誉,增强学生的归属感和自豪感。通过这些文化设施的建设,高职院校可以营造一个充满艺术氛围和文化底蕴的校园环境,潜移默化地提升学生的文化素养和审美能力。

(三)建立评价机制

1. 建立科学的学生评价机制

在“文化+实践”协同育人模式下,学生的成长和发展不再仅仅局限于专业知识的掌握,还包括文化素养的提升和实践能力的锻炼。因此,建立科学的学生评价机制,将文化素养和实践能力纳入学生评价体系中,是激励学生积极参与这一模式学习和实践的关键。传统的学生评价往往侧重于学业成绩,而忽视了学生在文化素养和实践能力方面的表现。在“文化+实践”协同育人模式下,学生评价机制应涵盖学生的知识掌握、技能运用、文化素养、创新思维、团队协作等多个方面。通过设定具体的评价指标和标准,如文化活动的参与度、实践项目的完成情况、团队合作的表现等,来全面、客观地评价学生的综合素质。过程性评价关注学生在学习和实践过程中的表现和努力,能够及时发现学生的优点和不足,为后续的教育和引导提供依据。发展性评价则强调对学生成长和发展的动态监测,通过纵向比较学生的进步和变化,来评价学生的发展潜力和学习成效。这种评价方式有助于激励学生积极参与学习和实践,不断提升自己的综合素质。此外,学生评价机制还应与激励机制相结合。通过设立奖学金、荣誉称号、推荐免试升学等激励措施,对在“文化+实践”协同育人模式中表现突出的学生进行表彰和奖励,从而激发学生的积极性和创造力。

2. 建立合理的教师评价机制

教师在“文化+实践”协同育人模式中扮演着至关重要的角色,他们的教学成果和贡献直接影响着学生的成长和发展。因此,建立合理的教师评价机制,将教师在这一模式中的教学成果和贡献纳入教师评价体系中,是激发教师的教学热情和创新精神的关键。在“文化+实践”协同育人模式下,教师的教学成果不再仅仅体现在课堂教学和学术研究上,更包括指导学生实践项目、组织学生文化活动等方面的成果。因此,教师评价机制应充分考虑这些实践性成果,通过设定具体的评价指标和标准,如实践项目的指导效果、文化活动的组织情况等,来评价教师的教学成果。在“文化+实践”协同育人模式下,教师需要不断创新教学方法和手段,以适应学生的需求和发展。教师还需要与学生进行充分的互动和交流,以引导学生积极参与学习和实践。因此,教师评价机制应关注教师在教学过程中的创新性和互动性,鼓励教师积极探索新的教学方式和方法,提高教学的质量和效果。

第四节 “文化+管理”渗透育人模式

一、“文化+管理”渗透育人模式的内涵

“文化+管理”渗透育人模式,是一种创新性的教育理念与实践策略,其核心在于将丰富多元的文化元素与科学规范的管理理念进行深度融合。此模式深刻认识到文化作为精神引领的独特价值,以及管理作为行为规范的必要作用,旨在通过两者的有机结合,共同促进学生的全面发展进程。在这一框架下,文化不仅被视为知识的载体和价值的源泉,更被视为一种能够在潜移默化中影响学生心灵、激发其内在潜能的强大力量。通过文化的持续渗透,学生能够在无形中汲取精神养分,塑造积极向上的人生观和价值观。管理则以其规范性和系统性为特点,通过制定明确的规章制度、设立合理的奖惩机制,有效规范学生的行为习惯,培养其自律意识和责任感。这种“文化+管理”的育人模式,既注重文化的柔性熏陶与引领,又强调管理的刚性规范与约束,两者相辅相成,共同构成了一个既富有人文关怀又兼具效率与秩序的育人环境。

二、“文化+管理”渗透育人模式的主要特点

(一)文化的渗透性

文化作为一种深层次的、无形的力量,在高职院校中展现出了其独特的渗透性与影响力。这种力量能够深入学生的日常生活、学习进程以及实践活动中,以不易察觉的方式逐步改变和塑造学生的思想观念、行为习惯以及价值取向。在高职院校的教育环境中,文化不仅是知识和技能的传递工具,更是塑造学生精神世界的重要媒介。通过精心设计的校园文化建设,例如墙面装饰、标语设置等,学校能够将社会主义核心价值观以视觉化的形式呈现出来,使学生

在校园的每个角落都能感受到这些价值观的存在。此外，丰富多样的文化活动，如讲座、展览、比赛等，为学生提供了直观了解和体验文化的平台，进一步加深了文化对学生思想的影响。学校努力营造一种积极向上的文化氛围，这种氛围不仅有助于学生的学习和成长，更能在无形中引导学生形成正确的职业道德和工匠精神。

在这一过程中，文化元素如社会主义核心价值观、工匠精神、职业道德等，不仅仅是抽象的概念，它们通过校园文化、活动、氛围等多种形式，被巧妙地融入学生的日常生活中。学生在这样的环境下学习、生活，会在不知不觉中受到这些文化元素的熏陶和感染，从而形成积极向上的思想观念、良好的行为习惯和正确的价值取向。

（二）管理的规范性

管理是高职院校运营中不可或缺的一环，它对于维持学校秩序、确保教学质量具有举足轻重的作用。在高职院校的复杂环境中，管理不仅深入学生的日常行为规范与学习纪律的细微之处，还触及学校宏观层面的资源配置与师资队伍建设等关键领域。通过构建科学、合理的管理制度体系，学校能够明确各项工作的职责边界与操作流程，从而保障各项事务能够高效、有序地推进。在科学管理的指导下，学校能够根据学生的实际需求和教育教学规律，制定出切实可行的行为规范和学习纪律，旨在引导学生形成良好的学习习惯和道德品质。通过优化资源配置，学校可以更加合理地分配教学设备、资金支持和教育资源，确保每一分投入都能产生最大的教育效益。

（三）文化的引领与管理的约束相结合

在"文化+管理"的渗透育人模式中，文化与管理两者展现出一种紧密的互补与互促关系。文化，作为一种深层的精神引领，凭借其强大的渗透能力，在潜移默化中影响着学生的心灵深处。它不仅能引导学生树立积极向上的世界观、人生观和价值观，更为学生的全面发展提供了清晰的方向指引，成为他们人生旅途中的一盏明灯。而管理，作为外在的规范力量，通过明确的规章制度和有效的执行，对学生的行为习惯进行严格而合理的约束。这种规范性确保了学生在追求个人发展的过程中，能够始终保持在正确的轨道上，不偏离既定的教育目标。文化与管理的这种结合，不是简单的相加，而是一种深度的融合。文化为管理提供了精神上的支持和价值上的引导,使得管理更加人性化、更有温度;而管理则为文化的落地提供了有力的制度保障,确保了文化的深入人心和持久影响。两者相辅相成,共同构建了一个全面、立体的育人环境。在这样的环境中,学生不仅能够获得知识和技能的提升,更能在思想道德、行为习惯、人格塑造等方面得到全面的培养和发展。

三、"文化+管理"渗透育人模式的具体实施策略

(一)构建具有特色的校园文化体系

1. 构建多元化的校园文化融合体系

高职院校在推进文化育人工作时,应首先立足于自身地域特色、专业优势和教育目标,精心打造独具特色的校园文化。这种文化的构建不是单一元素的堆砌,而是多元文化的有机融合。地域文化的深厚底蕴、传统文化的历史价值、职业文化的实用导向以及新时代文化的创新精神,都应被巧妙地编织进校园文化的经纬之中。例如,地域文化的引入可以让学生更加深入地理解和认同自己的文化根源,从而培养出对家乡和民族的深厚情感。传统文化的学习则能够让学生汲取古人的智慧,培养出优雅的人文气质和深厚的道德底蕴。职业文化的强调则有助于学生明确自己的职业规划,提升职业素养,为未来的职业生涯奠定坚实的基础。而新时代文化的弘扬,则可以激发学生的创新意识和实践能力,培养他们成为新时代的领军人才。为了实现这一多元化的文化融合,高职院校可以通过举办各类文化活动,如地域文化节、传统文化讲座、职业技能大赛以及科技创新展览等,让学生在亲身参与中感受和理解这些文化的内涵和价值。

2. 打造思政教育与校园文化相结合的育人模式

在构建特色校园文化的同时高职院校还应将思想政治教育融入其中,形成思政工作与校园文化紧密结合的育人模式。这种模式的核心在于通过校园文化的熏陶和思政教育的引导,共同促进学生的全面发展。吉林工程职业学院的做法值得借鉴,它将思政教育贯穿学校的各个领域、各个环节和各个方面。通过开设"互联网+"专题课堂,利用现代科技手段传播正能量,引导学生正确看待和使用互联网,培养他们的网络素养和信息筛选能力。举办道德模范宣讲会,让学生近距离感受道德榜样的力量,从而激发出他们内心的善念和

责任感。传统文化讲座则可以让学生深入了解中华文明的博大精深,培养他们的文化自信和民族自豪感。在这一育人模式下,学生不仅能够在知识技能上得到提升,更能在思想道德、价值观念等方面得到全面的塑造。这种将思政教育与校园文化相结合的育人模式,既符合高职教育的特点,又能够满足学生全面发展的需求,是高职院校实现文化育人的有效途径。

(二)完善学生管理制度和流程

1. 构建完善的学生管理制度体系

在高职院校的教育管理中,构建科学且完善的学生管理制度体系是确保学校规范性管理的重要基石。这一体系不仅需要覆盖学生的日常行为规范、学习纪律,还需延伸至宿舍生活、课外活动等多个层面,从而形成一个全方位、多层次的管理网络。一方面,高职院校应深入分析和研究学生的实际需求与学校的教育目标,制定出既符合教育规律又体现学校特色的学生管理制度。这些制度包括但不限于学生日常行为规范、学习纪律规定以及宿舍管理规定等。其中,学生日常行为规范旨在引导学生养成良好的行为习惯,塑造积极向上的个人形象;学习纪律规定则侧重于培养学生的学习自律性,确保学术活动的有序进行;宿舍管理规定关注的是学生的居住环境和安全,以及舍友间的和谐共处。另一方面,制度的制定并非一劳永逸,而是需要随着时代的发展和学生特点的变化进行适时调整和优化。这就要求高职院校的管理层具备前瞻性和灵活性,能够根据实际情况对制度进行修订和完善,以确保其始终与学校的教育理念和学生的实际需求相契合。

2. 推进管理流程的规范化和信息化

除了构建完善的管理制度体系外,高职院校还应着重于管理流程的规范化和信息化。随着信息技术的迅猛发展,传统的管理模式已难以满足现代教育的需求。因此,引入先进的管理信息系统和技术手段成为提升管理效率和质量的关键。一方面,管理流程的规范化能够确保各项管理工作的有序进行。高职院校应明确各项管理流程的步骤和标准,确保管理人员和学生都能清晰地了解并遵循这些流程。这不仅有助于提高工作效率,还能在一定程度上减少人为错误和冲突。另一方面,信息化手段的运用则能进一步提升管理效能。通过建立学生信息管理系统、宿舍管理系统等信息化平台,高职院校能够实现学生信息的数字化管理和服务。这些系统不仅可以快速查询、统计和分析学生的各类信息，还能为管理层提供决策支持。例如，通过大数据分析，学校可以更加精准地了解学生的需求和偏好，从而制定出更加贴合学生实际的教育策略和管理措施。

（三）促进校企文化融合与互动

1. 深化校企文化融合

在高等职业教育领域，校企文化的深度融合被视为提升学生职业素养和就业竞争力的关键途径。高职院校作为培养高技能人才的重要基地，应积极拥抱企业文化，通过多样化的方式和途径实现校企文化的有机融合。高职院校可以邀请企业专家进校讲学，这是一种直接而有效的文化融合方式。企业专家不仅具备丰富的行业经验和专业知识，而且深谙企业管理和文化建设的精髓。他们的讲座和分享往往能够为学生带来前沿的行业动态、实用的职业技能以及深刻的企业文化感悟。通过与企业专家的近距离接触，学生可以更加直观地了解企业的运营模式、管理理念以及职业发展的路径，这对于提升学生的职业素养和规划未来职业生涯具有不可估量的价值。实习实训不仅为学生提供了将理论知识转化为实践技能的机会，更是他们深入体验和理解企业文化的宝贵时刻。在实习期间，学生置身于真实的工作环境中，与企业员工共同工作、学习和生活，从而深刻感受到企业文化的独特魅力和影响力。这种沉浸式的体验有助于学生更好地适应企业文化，提升他们的团队协作能力、沟通技巧以及解决问题的能力，进而显著增强他们的就业竞争力。

2. 加强校企文化互动

除了校企文化的融合，高职院校还应注重与企业之间的文化互动，以增进彼此的了解和信任，推动双方的合作向更深层次发展。一方面，高职院校可以与企业联合举办各类文化活动，如职业技能大赛、创新创业大赛等。这些活动不仅为学生提供了展示才华的舞台，更是校企文化交流与碰撞的重要平台。通过参与这些活动，学生可以在实践中锤炼技能、挖掘潜力，同时也能够深刻感受到企业文化的创新精神和实践导向。对于企业而言，这些活动也是发现和选拔优秀人才的重要途径，有助于企业建立稳定的人才储备库。另一方面，文化交流也是加强校企互动的重要环节。高职院校可以定期组织师生访问企业，参观企业的生产线、研发中心等关键部门，了解企业的最新技术和发展动态。企业也可以派遣员工到高职院校进行学术交流或参与教学活动，与师生分享行业经验和职业心得。

（四）加强师资队伍建设与培训

在高职院校的文化育人体系中，教师无疑扮演着举足轻重的角色。他们的文化素养和教学能力直接影响学生的成长和发展。因此，高职院校必须高度重视师资队伍建设，通过系统且持续的培训，不断提升教师的专业素养。高职院校应定期组织教师参加各类文化培训活动，这些培训可以涵盖传统文化、地域文化、职业文化等多个领域，旨在帮助教师拓宽文化视野，增强文化底蕴。通过深入学习和体验，教师能够更好地将文化知识融入日常教学中，从而丰富教学内容，提升学生的学习兴趣和文化素养。高职院校应定期举办教学研讨会，为教师提供一个交流经验、分享教学方法的平台。在这些活动中，教师可以围绕特定主题展开深入探讨，如如何有效整合文化资源进行课程设计，如何运用信息化手段提升教学效果等。通过集思广益和相互学习，教师能够不断完善自身的教学理念和方法，提高教学质量。此外，高职院校还应鼓励教师积极参与校园文化建设和社会实践活动。这些活动不仅能够增强教师的社会责任感和使命感，还能让他们更加贴近学生、了解社会，从而在教学中更加注重实际应用和职业发展，培养学生的综合素质。

除了提升教师的文化素养和教学能力外，高职院校还应特别关注“双师型”教师的培养。所谓“双师型”教师，即既具备扎实的理论知识，又拥有丰富的实践经验的教师。这类教师在高职教育中具有不可替代的作用，他们能够更好地将理论与实践相结合，培养出既懂理论又会操作的高素质技术技能人才。为了培养“双师型”教师，高职院校应加强与企业的合作。通过校企合作项目，教师可以深入了解企业的实际运作和行业需求，从而调整教学内容和方法，使之更加符合职业发展的要求。高职院校还可以选派教师到企业实践进修，让他们在实际工作环境中锻炼和提升自身的实践能力。此外，高职院校还应建立完善的激励机制，鼓励教师积极参与“双师型”教师的培养和认证。通过提供必要的支持和奖励，激发教师提升自身实践能力和职业素养的积极性。这样不仅能够提升教师队伍的整体素质，还能为高职教育的质量提供有力保障。

（五）优化校园环境与氛围

1. 塑造人文与生态共融的校园空间

在高职院校的教育体系中，校园环境的优化不仅关乎学生的日常学习和生活体验，更是文化育人的重要一环。一个优美的校园环境能够在潜移默化中影响学生的审美情趣，提升他们的文化素养，因此在高职院校的建设中应给予高度重视。高职院校应通过精心规划与设计，打造出一个生态与人文相融合的校园空间。这包括建设绿化带，以增加校园的自然气息和生态多样性，不仅有助于改善空气质量，还能为学生提供一个宜人的学习环境。文化广场和休闲区的设置也是关键，它们不仅是学生课余休闲的好去处，更是展示校园文化、促进学生交流的重要平台。通过这些场所的建设，高职院校能够在无形中熏陶学生的情操，培养他们的环保意识和审美情趣。校园内的各种文化设施也是传递学校文化理念、展示文化成果的重要载体。例如，宣传栏和文化墙的设置，可以定期更新展示内容，反映学校的最新文化动态和特色亮点。这些设施不仅丰富了校园文化生活，还能激发学生的创造力和想象力，促使他们更加积极地参与到校园文化的建设中来。

2. 激发学生的文化兴趣与社会责任感

除了物质环境的优化，高职院校还应致力于营造一个积极向上、充满活力的校园氛围。这种氛围的营造需要通过多样化的文化和社会实践活动来实现，以此激发学生的文化兴趣和文化自信，培养他们的社会责任感和使命感。一方面，高职院校可以通过组织丰富多彩的文化活动来提升学生的文化素养。这些活动可以包括但不限于文艺演出、讲座论坛、艺术展览等，旨在为学生提供展示才华的舞台，同时也让他们能够在参与中感受到文化的魅力，增强文化自信。此外，社团活动也是一个重要的平台，它可以让学生根据自己的兴趣选择参与，从而在团队合作和活动策划中锻炼自己的能力，培养对文化的热爱。另一方面，社会实践活动的开展也是营造校园氛围不可或缺的一部分。高职院校应鼓励学生走出校园，参与到志愿服务、社会调查、实习实训等活动中去。这些活动不仅能够让学生更加深入地了解社会，还能培养他们的社会责任感和使命感。通过亲身体验和实践，学生能够更加明确自己的职业规划和人生目标，从而更加珍惜在校的学习时光，努力提升自己的综合素质。

第五章　区域文化在高职课程教学中的融合

第一节　课程内容与区域文化的有机整合

一、高职院校课程内容与区域文化整合的必要性

（一）增强教育的地方适应性

在全球化日益加速的今天，教育的地方适应性成为衡量教育质量的重要指标之一。地方适应性不仅关乎教育内容与地方实际需求的契合度，更涉及学生地方归属感与责任感的培养。区域文化，作为地方历史、地理、民俗、风俗等多方面的综合体现，具有独特的地域性和历史性，是增强教育地方适应性的重要资源。将区域文化融入课程内容，是教育地方化的重要途径。一方面，区域文化中的历史故事、民俗传统、地方特色等，为课程内容提供了丰富的素材。这些素材不仅贴近学生的生活实际，而且能够激发学生的学习兴趣，使他们在学习中感受到家乡文化的魅力。例如，在历史课程中，可以加入地方历史事件的讲解，让学生了解家乡的历史变迁；在地理课程中，可以介绍地方的地理特征、自然景观，增强学生的地理意识；在语文课程中，可以选取地方作家的作品，让学生感受家乡文化的文学表达。另一方面，区域文化的融入有助于培养学生的地方归属感和责任感。通过学习家乡的文化，学生能够更加深入地了解家乡的历史、风俗、人情，从而增强对家乡的认同感和自豪感。这种认同感和自豪感会进一步转化为学生对家乡发展的责任感和使命感，激励他们为家乡的经济社会发展贡献自己的力量。了解家乡文化的学生在未来更有可能选择回到家乡发展，成为推动地方经济社会发展的重要力量。

（二）促进文化传承与创新

随着全球化的加速和现代化进程的推进，许多地方文化面临着被遗忘和消失的风险。因此，通过课程教学传承和弘扬区域文化，显得尤为重要。通过

课堂教学、实践活动等多种形式,学生可以深入了解和学习地方文化,从而成为地方文化的传承者和弘扬者。例如,在音乐课程中,可以教授地方民歌、戏曲等,让学生感受地方音乐的独特魅力;在美术课程中,可以引入地方特色绘画、雕塑等,让学生了解地方艺术的多样性和独特性。区域文化的融入还能够激发学生的创新思维,促进文化的现代转化和创新发展。地方文化不是一成不变的,而是在历史的长河中不断演变和发展的。通过学习地方文化,学生可以了解地方文化的历史渊源和发展轨迹,从而在其中寻找创新的灵感和源泉。例如,在设计课程中,可以引导学生将地方元素融入现代设计中,创造出具有地方特色的新产品;在文学创作中,可以鼓励学生以地方文化为背景进行创作,写出具有地方色彩的文学作品。此外,区域文化的传承与创新还需要与现代社会相结合。在传承地方文化的基础上,要积极探索地方文化与现代科技的融合之路,利用现代科技手段对地方文化进行保护、传播和创新。例如,可以利用数字技术对地方文化进行数字化处理,建立地方文化数据库;可以利用虚拟现实技术对地方文化进行展示和体验,让更多人了解和感受地方文化的魅力。

(三)提升学生的综合素质

区域文化的融入不仅能够增强教育的地方适应性和促进文化传承与创新,还能够提升学生的综合素质。区域文化蕴含着丰富的知识、智慧和价值观,能够拓宽学生的视野,增强他们的人文素养。通过学习区域文化,学生可以了解不同地方的文化特色和风土人情,从而增强他们的跨文化交流能力。在全球化日益加速的今天,跨文化交流能力已经成为衡量一个人综合素质的重要指标之一。具备跨文化交流能力的学生能够更好地适应多元化的社会环境,与不同文化背景的人进行有效的沟通和合作。通过参与地方文化的实践活动,如地方节庆活动、民俗表演等,学生可以锻炼自己的组织协调能力、团队合作能力和创新能力。这些能力在未来的职业生涯中都是非常重要的,能够帮助学生更好地适应工作环境和解决实际问题。此外,区域文化的融入还能够培养学生的审美情趣和艺术鉴赏能力。地方文化中蕴含着丰富的艺术元素和审美观念,通过学习和欣赏地方艺术,学生可以提升自己的艺术素养和审美情趣。

二、高职院校课程内容与区域文化整合的可行性

（一）政策环境的支持

近年来，随着国家对职业教育重视程度的不断提升，职业教育的地方化、特色化发展已成为教育改革的重要方向。国家及地方政府深刻认识到，职业教育作为与经济社会发展紧密相连的教育类型，必须紧密结合地方实际，服务地方产业发展，才能培养出真正适应地方需求的高素质技术技能人才。因此，国家及地方政府出台了一系列政策措施，为高职院校课程内容与区域文化的整合提供了良好的政策环境。这些政策措施不仅体现了国家对职业教育地方化、特色化发展的高度重视，也为高职院校与地方企事业单位、文化机构的合作提供了有力的政策保障。例如，国家层面推出了多项鼓励职业教育与地方产业融合发展的政策，支持高职院校与地方企业共建实训基地、共同开发课程、共同培养人才。

地方政府也积极响应国家号召，结合本地实际，出台了一系列具体实施细则，为高职院校与地方合作提供了更加明确的指导和支持。在政策环境的积极引导下，高职院校与地方企事业单位、文化机构的合作不断深化。一方面，高职院校通过与企业合作，可以及时了解地方产业的发展趋势和市场需求，从而调整课程设置和教学内容，使教育更加贴近地方实际。另一方面，高职院校与文化机构的合作，则为课程内容的丰富和创新提供了源源不断的文化资源。这种合作模式的形成，不仅促进了教育资源的优化配置，还提高了教育的针对性和实效性。

（二）教育资源的丰富性

区域文化作为地方历史、民俗、艺术、科技等多元文化的综合体，本身就是丰富的教育资源。这些资源包括非物质文化遗产、地方历史遗迹、特色产业技术等，它们承载着地方的历史记忆、文化特色和发展智慧，是高职院校课程开发的宝贵素材。非物质文化遗产是区域文化的重要组成部分，它涵盖了民间传说、传统表演艺术、民俗活动、传统手工艺等多个方面。这些非物质文化遗产不仅具有极高的文化价值，而且蕴含着丰富的教育元素。将其融入高职院校课程内容，不仅可以丰富学生的文化知识，还可以培养学生的文化传承意识

和创新能力。

地方历史遗迹是地方历史发展的见证,它们记录了地方的历史变迁和文化演进。将这些历史遗迹作为课程开发的素材,可以让学生更加直观地了解地方的历史和文化,增强他们的历史责任感和文化自信心。特色产业技术是地方经济发展的支柱,也是高职院校技术技能人才培养的重点。将特色产业技术融入课程内容,可以让学生更加深入地了解地方产业的发展状况和技术需求,从而提高他们的专业技能和就业竞争力。这些丰富的教育资源为高职院校课程内容的开发和创新提供了广阔的空间。通过深入挖掘和整合这些资源,高职院校可以打造出具有地方特色的课程体系,为地方经济社会发展培养更加适配的人才。

(三)教学模式的灵活性

高职院校在教学模式上具有较高的灵活性,这是其区别于其他类型教育的重要特征之一。高职院校可以根据地方产业的需求和学生的实际情况,采取项目教学、工学交替、校企合作等多种形式的教学模式,将区域文化元素融入实践教学,实现理论与实践的深度融合。选取具有地方特色的项目作为教学内容,可以让学生在实践中学习和掌握相关知识和技能。这种教学模式不仅可以提高学生的实践能力和创新能力,还可以增强他们的团队协作意识和责任感。通过与企业合作,让学生在学校学习理论知识的同时到企业进行实践锻炼,可以使他们更加深入地了解地方产业的发展状况和技术需求。这种教学模式不仅可以提高学生的职业技能和就业竞争力,还可以促进他们与地方企业的深度融合和合作。通过与企业建立紧密的合作关系,共同开发课程、共建实训基地、共同培养人才,可以实现教育资源的优化配置和共享。这种教学模式不仅可以提高学生的实践能力和创新能力,还可以为企业培养更加适配的人才,促进地方产业的发展和升级。

三、高职院校课程内容与区域文化整合的实施策略

(一)课程体系的重构

1. 专业设置与地方产业对接

在当今社会,高等职业教育作为与经济社会发展紧密相连的教育类型,其

专业设置必须紧跟区域经济发展的步伐,确保教育内容与地方主导产业紧密相关。这一理念不仅体现了教育服务地方经济的宗旨,也是高职院校提升教育质量和就业率的关键所在。为了实现专业设置与地方产业的精准对接,高职院校需深入调研区域经济的发展现状和未来趋势,明确地方主导产业的人才需求和技术要求。在此基础上,高职院校应对现有专业进行梳理和调整,优化专业结构,增设与地方产业紧密相关的专业方向。例如,在区域经济发展以旅游业为主导的地区,高职院校应增设旅游管理、酒店管理等相关专业,并确保课程内容涵盖地方旅游资源的开发、管理、营销等方面,以培养出适应地方旅游产业发展需求的高素质人才。高职院校还应建立与地方企业的紧密合作关系,通过校企合作、工学交替等方式,让学生在学习过程中深入了解地方产业的实际运作,增强其实践能力和职业适应性。这种教育模式的调整,不仅有助于提升高职院校的教育质量和就业率,也能为地方产业的持续发展提供有力的人才支撑。

2. 文化课程与专业课程的融合

高职院校的教育内容不仅应涵盖专业知识和技能,还应融入区域文化元素,以培养学生的文化素养和地方认同感。在专业课程中融入区域文化元素,是实现这一目标的有效途径。以旅游管理专业为例,课程内容不仅应包括旅游管理的基本理论和实践技能,还应加入地方旅游文化的讲解,如地方的历史沿革、风土人情、特色景点等。这样,学生在掌握旅游管理专业知识时也能深入了解地方旅游文化的内涵和特色,为未来的职业生涯打下坚实的基础。同样,在艺术设计课程中,也可以引入地方特色艺术风格,如地方的传统图案、建筑风格、民间艺术等。通过将这些元素融入课程设计,不仅可以丰富教学内容,提升学生的艺术鉴赏能力和创作水平,还能激发学生的创新思维,促进地方文化的传承与创新。

3. 开设特色选修课程

为了满足学生个性化学习的需求,高职院校应开设具有地方特色的选修课程。这些课程可以围绕地方的历史、文化、民俗等方面展开,如地方史研究、民俗文化传承、地方方言与民俗文学等。开设这些特色选修课程,不仅可以拓宽学生的知识视野,增强他们对地方文化的了解和认同,还能激发学生的学习兴趣和探索精神。这些课程也可以成为高职院校与地方文化机构合作的桥梁,通过邀请地方文化专家、非物质文化遗产传代表性承人等来校授课,让学生更加深入地了解和学习地方文化。

(二)教学资源的开发与利用

1. 建立区域文化资源库

在高职院校课程内容与区域文化的深度融合过程中,建立区域文化资源库是一项基础而重要的工作。地方文化作为地域特色的重要体现,蕴含着丰富的历史、民俗、艺术和科技元素,是高职院校课程开发的宝贵资源。为了充分挖掘和利用这些资源,高职院校应着手建立数字化区域文化资源库。具体而言,高职院校应组织专业团队,深入地方进行文化调研,收集、整理各类地方文化资料,包括但不限于地方志、民俗记录、非物质文化遗产档案、地方特色艺术品图片和视频等。这些资料经过数字化处理后,可以形成系统的、易于检索和传播的数字化资源库。该资源库不仅为高职院校的课程教学提供了丰富的素材,也为师生进行地方文化研究提供了便捷的途径。数字化区域文化资源库的建立,有助于打破时间和空间的限制,让师生能够随时随地获取地方文化信息。在课程教学中,教师可以根据教学需要,从资源库中选取相关素材,丰富教学内容,增强教学的生动性和趣味性。学生也可以利用资源库进行自主学习,深入了解地方文化的内涵和特色,培养对地方文化的认同感和自豪感。

2. 校企合作共建实训基地

校企合作是高职院校教育的重要模式,也是实现课程内容与区域文化深度融合的有效途径。为了让学生在真实环境中体验和学习区域文化,高职院校应与地方企业、文化机构合作,共建实训基地。实训基地的建设应紧密结合地方产业和文化特色,为学生提供实践操作的平台。例如,在旅游管理专业中,可以与地方旅游景区、酒店等合作,建立旅游管理实训基地,让学生在真实的旅游环境中进行实习实训,了解旅游服务的流程和规范,同时感受地方旅游文化的魅力。在艺术设计专业中,可以与地方文化机构、艺术品制作企业等合作,建立艺术设计实训基地,让学生在实践中学习和掌握地方特色艺术风格的创作技巧。通过校企合作共建实训基地,学生可以在实践中深入了解地方产业和文化,增强实践能力和职业适应性。这种合作模式也有助于促进地方产业和文化的发展,实现教育与地方经济的双赢。

3. 邀请地方文化名人进校园

为了增强高职院校地方文化教育的权威性和吸引力,高职院校应积极邀请地方文化名人、非遗传人等到校讲座、授课。地方文化名人和非遗传人是地方文化的传承者和弘扬者，他们拥有丰富的文化知识和实践经验。邀请他们到校讲座、授课，可以为学生提供与地方文化名人面对面交流的机会，让学生更加深入地了解地方文化的内涵和特色。他们的权威性和影响力也可以增强教学的吸引力和感染力，激发学生的学习兴趣和探索精神。

（三）教学方法与手段的创新

1. 采用情境教学法

在高职院校课程内容与区域文化的深度融合中，情境教学法作为一种有效的教学策略，能够极大地提高学生的学习参与度和兴趣。情境教学法通过模拟地方文化场景，将学生置于特定的文化环境中，使其在身临其境的体验中学习和理解区域文化。具体而言，教师可以根据课程内容和地方文化特色，设计一系列具有地方文化特色的情境教学活动。例如，在旅游管理课程中，可以模拟地方旅游景点的导游服务情境，让学生扮演导游和游客的角色，通过互动交流，熟悉导游服务流程，了解地方旅游文化的独特魅力。在民俗文化课程中，可以搭建地方节庆活动的模拟场景，让学生亲身体验节日习俗，感受民俗文化的深厚底蕴。通过情境教学法，学生能够在轻松愉快的氛围中学习区域文化，增强学习的趣味性和实效性。情境教学法还能够激发学生的情感体验，使其对地方文化产生深厚的兴趣和热爱，从而更加积极地投入学习中去。

2. 利用现代信息技术

随着现代信息技术的飞速发展，虚拟现实（VR）、增强现实（AR）等先进技术为教育领域带来了革命性的变革。在高职院校课程内容与区域文化的深度融合中，利用现代信息技术打造沉浸式学习体验，成为一种创新的教学方式。通过虚拟现实技术，学生可以身临其境地进入地方文化的虚拟世界，近距离观察地方特色建筑、艺术品，甚至参与虚拟的地方节庆活动。增强现实技术则可以将地方文化元素融入现实世界，使学生在日常学习中随时随地感受到地方文化的存在。这些现代信息技术的应用，使得区域文化更加生动、直观，极大地丰富了学生的学习体验。沉浸式学习体验不仅能够增强学生的感知和理解能力，还能够激发其探索和创新精神。学生在虚拟与现实交织的学习环境中，可以更加自由地发挥想象力，创造出具有地方文化特色的作品和成果。

四、高职课程内容与区域文化整合的保障措施

(一)政策支持与经费保障

在高职课程内容与区域文化的整合过程中,政策支持与经费保障是不可或缺的外部条件。高职院校作为地方教育的重要组成部分,其发展与地方政府的支持和投入密不可分。因此,高职院校应积极争取政府部门的政策支持,为课程内容与区域文化的整合创造有利的政策环境。具体而言,高职院校可以与地方政府部门建立紧密的合作关系,共同制定相关政策与规划,明确课程内容与区域文化整合的目标、任务与措施。政府部门可以通过出台相关政策文件,为高职院校提供政策指导和支持,如给予课程开发、教材编写、教学设施建设等方面的政策优惠和资金支持。高职院校还可以积极争取政府部门的项目资助,用于课程内容与区域文化整合的研发和实施。

除了政策支持外,经费保障也是课程内容与区域文化整合的重要支撑。高职院校应合理规划和使用经费,确保课程内容与区域文化整合工作的顺利进行。一方面,高职院校可以设立专项经费,用于课程内容的研发、教材的编写与出版、教学设施的建设与更新等。另一方面,高职院校还可以积极争取社会各界的捐赠与资助,拓宽经费来源渠道,为课程内容与区域文化的整合提供充足的经费保障。在争取政策支持与经费保障的高职院校还应建立健全相关管理制度与激励机制,通过制定完善的管理制度,明确课程内容与区域文化整合的工作流程、责任分工和考核标准,确保整合工作的有序进行。

(二)师资队伍建设

高职院校应加强师资队伍建设,提高教师的文化素养与教学能力,为课程内容与区域文化的整合提供有力的人才保障。一方面,高职院校可以通过培训、进修等方式,提升教师对区域文化的认知水平与传授能力。可以组织教师参加区域文化研讨会、学术讲座等活动,拓宽他们的学术视野和文化底蕴。还可以鼓励教师深入地方社区、企事业单位进行实地考察和调研,了解区域文化的实际情况和发展需求,为课程内容与区域文化的整合提供第一手资料。另一方面,高职院校还应鼓励教师积极参与科研活动与文化实践项目。通过参与科研项目,教师可以深入研究区域文化的内涵与外延,挖掘其教育价值和文

化意义。通过参与文化实践项目，教师可以将理论知识与实践相结合，丰富自己的教学经验与实践经验，提高教学水平和效果。此外，高职院校还可以建立教师交流平台，促进教师之间的学术交流与合作。

（三）评价机制的完善

评价机制是高职课程内容与区域文化整合的重要保障。高职院校应完善评价机制，将区域文化的传承与创新纳入课程评价体系之中，确保课程内容与区域文化整合的有效性和可持续性。一方面，高职院校可以设立相关评价指标与标准，对学生在区域文化学习方面的表现进行评价与反馈。评价指标可以包括学生对区域文化的认知水平、理解能力、实践应用能力等方面。通过评价，可以及时了解学生在学习过程中的情况和问题，为教学改进提供有力依据。另一方面，高职院校还应加强对课程整合效果的评估与监测。可以定期组织专家对课程内容与区域文化整合的实施情况进行评估和审查，提出改进意见和建议。还可以建立学生反馈机制，收集学生对课程内容与区域文化整合的意见和建议，及时调整和优化整合方案与策略。此外，高职院校还可以将课程内容与区域文化整合的成果纳入学校绩效考核体系之中，作为评价教师教学水平和学校办学质量的重要指标之一。

第二节　教学方法的区域文化特色创新

一、构建具有区域文化特色的课程体系

（一）课程内容融入区域文化元素

高职院校在课程设置与教学内容的选择上，应秉持开放性与灵活性的原则，紧密围绕地方经济社会发展的实际需求，同时充分考量自身的办学特色与优势。在此基础上，将区域文化元素有机融入课程内容之中，不仅是对地方文化资源的深度挖掘与利用，也是高职院校特色化、差异化发展的重要路径。以旅游管理课程为例，高职院校应深入剖析地方历史文化的内涵与特质，将其作为课程教学的核心要素之一。系统讲授地方的历史沿革、名胜古迹、文化遗产等内容，不仅丰富了学生的知识储备，更增强了他们对地方文化的认同感与自

豪感。结合地方风土人情，如民俗习惯、节庆活动、特色美食等，使学生在掌握旅游管理专业知识时也能深入了解并热爱自己所在的地域文化。在艺术设计课程中，高职院校同样应注重地方民间艺术与传统文化元素的融入。通过引入地方特色手工艺、民间绘画、传统图案等，引导学生在学习设计理论与技能的同时也能汲取地方文化的精髓，将其转化为设计创新的灵感源泉。这种教学方式不仅有助于培养学生的审美情趣与创新能力，还能促进地方民间艺术的传承与发展，实现教育与文化的双赢。

（二）开设地方特色选修课程

高职院校在课程设置上，应充分考虑到学生多样化的学习需求以及对地方文化的浓厚兴趣，积极开设一系列与地方文化紧密相关的选修课程。这些课程不仅旨在满足学生个性化的学习追求，更承载着传承和弘扬地方文化的重要使命。具体而言，可以开设地方戏曲课程，通过系统教授地方戏曲的历史渊源、艺术特色、表演技巧等，让学生深入领略地方戏曲的独特魅力，激发他们对传统文化的热爱与尊重。民间舞蹈课程也是不可或缺的一部分，通过传授民间舞蹈的基本动作、韵律节奏、文化内涵等，引导学生亲身体验民间舞蹈的活力与韵味，增强他们对地方文化的认同感和归属感。此外，传统手工艺课程同样具有重要意义。高职院校可以邀请地方手工艺大师或传承人走进校园，亲自传授传统手工艺的制作技艺、工艺流程、文化价值等，让学生在动手实践中感受传统手工艺的精湛与美妙，培养他们的动手能力和创新思维。

二、采用具有区域文化特色的教学方法

（一）情境教学法

在高职院校的教学实践中，创设与区域文化紧密相关的情境，为学生提供一个模拟真实、富有沉浸感的学习环境，是提升学生学习效果、深化他们对地方文化理解的有效途径。以旅游管理课程为例，教师可以通过精心设计的实践活动，如地方旅游景点模拟导游实训，将学生置于一个仿真的导游工作场景中。在这一情境中，学生不仅需要掌握基本的导游讲解技巧，如语言表达、肢体语言运用等，更重要的是，他们需要深入了解并熟悉地方旅游景点的历史文化背景、风土人情特色、自然景观风貌等丰富多元的地方文化元素。通过模拟

导游实训，学生能够在实践中亲身体验地方文化的独特魅力，如古老建筑的匠心独运、民俗活动的热闹非凡、地方美食的色香味俱佳等。这种身临其境的学习方式，不仅极大地激发了学生的学习兴趣和热情，还使他们在实践中不断加深对地方文化的认知和理解，从而培养出对地方文化的深厚情感和传承意识。

（二）案例分析法

在高职院校的市场营销课程教学中，融入地方经济社会发展的实际案例，是一种将理论与实践紧密结合、提升学生专业素养和实战能力的有效方法。教师可以精心选取地方企业中具有代表性且成功的营销案例，作为课程教学的核心素材。这些案例应充分展现地方市场的独特性、复杂性以及企业在其中所运用的创新营销策略和手段。通过分析这些案例，教师可以引导学生深入了解地方市场的特点和规律，如消费者需求偏好、竞争格局、文化背景等。学生将被置于一个真实的市场环境中，需要运用所学的市场营销理论知识，对案例中的市场策略进行剖析、评价和讨论。他们不仅要分析企业成功的原因，如精准的市场定位、创新的营销手段、有效的顾客关系管理等，还要探讨其中可能存在的问题和挑战，以及未来可能的发展方向。这种教学方式不仅能够增强学生的理论联系实际能力，使他们更好地理解和掌握市场营销的核心理念和方法，还能够培养他们的批判性思维和解决问题的能力。

（三）项目驱动教学法

在高职院校的艺术设计课程教学中，组织学生参与与地方文化紧密相关的项目实践，不仅能够有效提升学生的专业技能，还能极大地激发他们的创新精神和实践能力。以地方文化节庆活动的策划和设计为例，教师可引导学生深入挖掘地方文化的独特内涵和丰富资源，如传统民俗、地方特色艺术、历史文化遗迹等，将这些元素作为设计创作的灵感源泉。在项目实施过程中，学生需要充分发挥自己的专业特长和创意，从节庆活动的主题设定、视觉形象设计、活动流程规划、宣传方案制订等多个方面进行全方位的思考和策划。他们不仅要运用所学的艺术设计理论知识，还要结合地方文化的实际特点，进行创新性的设计和实践。通过这样的项目实践，学生不仅能够在实践中锻炼自己的专业技能，如平面设计、空间设计、视觉传达等，还能学会如何将理论知识与实际需求相结合，解决实际问题。项目合作过程中的团队协作、沟通交流也能有效提升学生的综合素质。

三、加强区域文化资源的挖掘与利用

(一)与地方文化机构合作

高职院校在深化教育教学改革的过程中,应积极探索与地方博物馆、文化馆、艺术团体等文化机构的合作路径,旨在共同开发和利用丰富的区域文化资源,为学生的全面发展提供更为广阔的平台和深厚的文化底蕴。具体而言,高职院校可以主动邀请地方文化领域的专家学者来校举办系列讲座或设立工作坊。这些专家凭借其对地方文化的深入研究和独特见解,能够为学生带来与区域文化紧密相关的前沿知识和专业技能培训。讲座内容可以涵盖地方历史的沿革、文化的特色、艺术的传承等多个方面,通过生动的讲述和丰富的案例,引导学生深入了解地方文化的深厚底蕴和独特魅力。而工作坊则更加注重实践操作和技能培养,如地方传统手工艺的制作、民间音乐的演奏技巧、地方戏曲的表演训练等,让学生在亲身体验中感受地方文化的韵味,提升他们的实践能力和创新思维。这种合作模式不仅能够丰富高职院校的教学内容和形式,还能够促进地方文化的传承与发展,实现教育资源与文化资源的有效融合。

(二)利用现代信息技术手段

在信息化时代背景下,高职院校应充分利用现代信息技术手段,如数字化、网络化等,对区域文化资源进行深度整合与广泛共享,以拓展学生学习区域文化的渠道和方式。具体而言,高职院校可以着手建立区域文化数字资源库,通过数字化技术将地方的历史文献、民俗风情、艺术作品、传统手工艺等丰富多样的文化资源进行系统化收录和整理。这些数字资源不仅包括文字、图片等静态信息,还可以涵盖音频、视频等多媒体内容,以全方位、多角度地展示区域文化的独特魅力。高职院校还可以依托互联网技术,构建在线学习平台,将区域文化数字资源库与在线教学系统有机融合。学生可以通过电脑、手机等终端设备,随时随地访问这一平台,自主选择感兴趣的区域文化内容进行学习和探索。这种灵活便捷的学习方式,不仅打破了时间和空间的限制,还能够激发学生的学习兴趣和主动性,使他们在轻松愉快的氛围中深入了解和掌握区域文化的精髓。

四、培养具有区域文化素养的师资队伍

（一）加强师资培训

高职院校在提升教育教学质量的过程中，应高度重视教师队伍在区域文化方面的专业素养和教学能力的提升。为此，高职院校应定期组织教师进行区域文化方面的培训和学习，通过系统化的培训机制，不断增强教师对区域文化的认知和理解，进而提升其在教学中的运用能力和创新水平。具体而言，高职院校可以邀请地方文化领域的专家学者，为教师举办专题讲座或设立工作坊。这些专家不仅具备深厚的区域文化知识底蕴，还拥有丰富的教学实践经验。在讲座中，他们可以系统介绍区域文化的历史渊源、发展脉络、独特特征及在当代社会的价值意义，帮助教师构建起全面的区域文化知识体系。而在工作坊中，专家则可以与教师们进行互动交流，分享区域文化教学的实践经验和创新方法。通过案例分析、教学演示、讨论研讨等多种形式，引导教师掌握将区域文化融入课程教学的技巧和方法，激发他们的教学创新灵感。

（二）鼓励教师参与区域文化实践活动

高职院校在促进教师队伍专业发展的进程中，应积极鼓励教师走出校园，深入参与地方文化的实践活动，以此作为提升教师区域文化素养和教学实践能力的重要途径。具体而言，教师可以积极参与地方文化节庆活动的策划和组织工作，通过亲身投入节庆活动的筹备、执行与总结等各个环节，深入了解地方文化的丰富内涵和独特特点。在参与过程中，教师不仅能够亲身体验到地方文化的魅力，还能与地方文化工作者、传承人以及广大民众进行深度交流，从而获取第一手的文化资料和生活素材。这些资料和素材具有极高的教学价值，能够为教师的课堂教学提供更加生动、具体的内容支撑。此外，教师还可以参与地方文化遗产的保护和传承工作，通过实地考察、资料收集、研究分析等方式，深入了解地方文化遗产的历史沿革、文化价值以及保护现状。这些实践活动不仅能够增强教师对地方文化的认同感和责任感，还能够激发他们在教学中的创新灵感，将地方文化的精髓融入课堂教学，使教学内容更加贴近实际、贴近生活，进一步提高教学的针对性和实效性。

第三节　教学评价的区域文化导向

一、教学评价的区域文化导向意义

（一）促进教育公平与质量提升

教学评价的区域文化导向，其深远意义在于它打破了传统上单一、固化的评价标准，将评价的视野拓宽至更为广阔的文化背景之中。这一导向强调，在评价过程中应充分关注并尊重不同区域学生的文化背景与差异，认识到这些差异是学生个体独特性的重要组成部分，也是其学习经历与成长路径中不可或缺的要素。通过深入挖掘和考量区域文化对学生学习的影响，教学评价能够更加全面地反映学生的真实学习状况和能力水平。在此基础上，制定出的评价标准不仅更为公正、合理，而且能够更好地适应不同区域学生的多样化需求，确保每位学生都能在评价中得到公正对待，其特长和潜力得到充分认可。这种区域文化导向的教学评价，不仅有助于促进教育公平，让每位学生都能在适合自己的评价环境中展示自我、获得成长，还极大地提升了整体教学质量。它鼓励教师根据区域文化特点，灵活调整教学内容和方法，使教学更加贴近学生实际，激发学生的学习兴趣和积极性。这种导向也促进了教育资源的优化配置，确保不同地区的学生都能享受到适合其文化背景的教育服务，从而推动教育事业的均衡发展。

（二）推动课程与教学的本土化

区域文化导向的教学评价体系，其核心在于倡导并鼓励将地方特色深度融入课程设计与教学实践之中，这一理念旨在促进课程内容的本土化与特色化进程。通过深入挖掘和利用地域文化的独特资源，如地方历史、民俗传统、艺术风格等，教学内容得以丰富和拓展，从而更加贴近学生的生活实际和认知背景。这种本土化的课程内容不仅增强了教学的针对性和实效性，而且为学生提供了一个更加亲切、熟悉的学习环境。在此过程中，学生的文化认同感得到了显著的增强。他们通过学习与自己生活紧密相连的地域文化，不仅加深了对本土文化的理解和认识，还激发了对家乡文化的热爱和自豪感。这种文化认同感的提升,进一步转化为学生的学习动力和兴趣,使他们更加积极主动地参与到教学活动中来,提高了学习的参与度和投入度。区域文化导向的教学评价还促进了教学效果的全面提升。本土化、特色化的课程内容不仅激发了学生的学习兴趣,还培养了他们的创新思维和实践能力。学生在探索和学习地域文化的过程中,不仅掌握了知识和技能,还学会了如何将所学知识应用于实际问题的解决中,从而实现了知识与实践的有机结合。

二、教学评价的区域文化导向具体体现

(一)评价标准的多元化

教学评价的区域文化导向强调,评价标准的制定应当充分体现多元化的特点,这不仅是对教育评价体系的深化与拓展,更是对学生个体差异性和文化多样性的尊重与认同。在传统的知识与技能评价基础之上,这一导向要求将学生对区域文化的认知、态度与价值观等方面纳入评价范畴,构建一种更为全面、立体的评价体系。具体而言,对学生在区域文化认知方面的评价,旨在考查其对本土文化的了解程度、理解深度以及运用能力,这有助于学生形成对区域文化的系统认知,增强其文化自觉性。对学生态度的评价则关注其对区域文化的接纳程度、尊重意识以及传承意愿,这有助于培养学生的文化包容性和责任感。而对学生价值观的评价,则侧重于考查其在区域文化影响下形成的价值观念、道德观念以及行为准则,这有助于学生树立正确的世界观、人生观和价值观。这种多元化的评价标准,不仅能够更全面、更客观地反映学生的学习成果,还能够促进其全面发展。它鼓励学生在掌握知识与技能的同时注重文化素养的提升,形成对区域文化的深厚情感和坚定信念。通过这种评价方式的实施,可以引导学生成为既有扎实专业知识,又具备深厚文化底蕴和正确价值观念的全面发展的人才,为区域文化的传承与发展,以及社会的和谐与进步贡献自己的力量。

(二)评价内容的本土化

教学评价的区域文化导向着重强调评价内容的本土化,这一理念要求学校与教师必须深入挖掘并充分利用地方丰富的文化资源,将其有机地融入课程设计与教学实践之中,同时在评价体系中予以充分体现。这一导向的实施,

不仅是对地方文化的一种传承与弘扬,更是对学生个体文化身份的认同与文化素养提升的有效途径。具体而言,学校与教师应当深入挖掘地方历史、风俗、艺术等独具特色的文化资源,通过课程设计、教学活动以及实践项目等多种形式,将这些元素融入日常教学之中。在此基础上,评价体系也应当相应地进行调整,以评价学生对这些地方文化元素的了解程度、理解深度以及表达能力为重要指标。例如,可以设计相关题目或任务,考查学生对地方历史事件的知晓情况、对风俗习惯的理解程度以及对地方艺术形式的鉴赏与创作能力。这样的评价方式,不仅能够全面反映学生在文化知识掌握方面的水平,更能够凸显其在文化理解、文化传承以及文化创新方面的能力,从而促进学生全面发展,培养其成为具有深厚文化底蕴和独特文化视角的新时代人才。

(三)评价方法的多样化

教学评价的区域文化导向不仅要求评价内容的本土化,还体现在评价方法的多样化上,这是对传统单一评价方式的一种超越与创新。在评价学生对区域文化的理解与掌握程度时,除了沿用传统的笔试、口试等标准化测试方法外,更应积极探索并采用实地考察、文化体验、项目制作等多种评价方式,以构建一种更为全面、多元的评价体系。实地考察可以让学生亲身体验区域文化的实地场景,通过观察、记录和分析,深入了解地方文化的独特魅力和内涵,评价其在实地考察中的观察力、思考力和感悟力。文化体验则通过让学生参与地方特色的文化活动或工艺制作,评价其对文化技能的掌握程度以及文化情感的投入度。项目制作则鼓励学生围绕区域文化主题进行创作或研究,通过项目的策划、实施和展示,评价其创新思维、实践能力和文化传承意识。这种多样化的评价方法,不仅能够更全面地评估学生对区域文化的理解与掌握程度,还能够激发学生的学习兴趣和参与度,促进其在实践中探索、在体验中学习、在创作中成长。

三、教学评价的区域文化导向实施策略

(一)加强区域文化资源的挖掘与整合

学校与教师应当承担起深入挖掘地方文化资源的重任,将历史遗迹、民俗活动、传统艺术等丰富多样的文化元素视为宝贵的教育资源,通过系统的梳理

与整合,将其有机地融入课程设计与教学实践之中。这一过程不仅要求对教师进行专业的培训,提升其地方文化素养和教学创新能力,还需要教师具备敏锐的洞察力和深厚的学术功底,以确保文化资源的准确提炼和有效传递。在整合地方文化资源的过程中,学校与教师还应特别关注区域文化的动态发展。地方文化并非静态的、一成不变的,而是随着时代的变迁和社会的进步而不断演化和发展。因此,教学内容与评价标准也需要与时俱进,及时反映区域文化的最新动态和特色。这要求教师不仅要熟悉传统文化的经典内容,还要密切关注当代文化的新现象、新趋势,将其融入教学中,使学生在掌握传统文化精髓的同时也能了解并接纳文化的多样性和现代性。

(二)构建区域文化特色的评价体系

学校应当致力于构建一套具有鲜明区域文化特色的评价体系,这一体系的构建需明确评价的目标、内容与标准,以确保评价活动的针对性和有效性。为了实现这一目标,学校与教师首先需要深入研究和充分了解区域文化的内涵与特点,包括其历史渊源、价值观念、艺术表现形式以及社会习俗等多个方面。在充分把握区域文化本质的基础上,学校与教师需紧密结合教学目标与学生的实际发展需求,通过深入的讨论与分析,制定出一套科学合理的评价标准与方法。这些标准与方法不仅要能够准确反映学生对区域文化知识的掌握程度,还要能够评估学生在文化理解、文化传承以及文化创新方面的能力。具体而言,评价标准应既包含对区域文化基本知识的考核,也涉及对学生文化认同感、文化自觉性以及文化实践能力的考量。评价方法则应多样化,既可以采用传统的笔试、口试形式,也可以融入项目展示、文化体验报告等更具创新性和实践性的评价方式。通过这样的评价体系,学校不仅能够全面、客观地评估学生的学习成果,还能够引导学生更加深入地了解和热爱自己的家乡文化,从而培养出具有深厚文化底蕴和独特文化视角的新时代人才。

(三)强化教师培训与能力提升

教师应具备将区域文化有效融入课程与教学的专业能力,这是实现教育内容与地方特色相结合、促进学生全面发展的重要途径。鉴于此,学校应高度重视并加强对教师的相关培训,旨在全面提升教师的文化素养与教学能力,使其能够更好地胜任这一重要任务。为了达成这一目标,学校应精心组织一系列专题讲座、研讨会等培训活动。这些活动应邀请具有深厚区域文化研究背景和丰富教学经验的专家学者担任主讲嘉宾，为教师提供权威、系统的区域文化知识讲解，帮助教师深入了解区域文化的历史渊源、独特魅力以及在现代社会中的价值体现。培训活动还应注重教学方法与手段的传授与交流，通过案例分析、教学示范、互动讨论等多种形式，引导教师掌握将区域文化融入课程设计的策略，学会运用多样化的教学手段激发学生的学习兴趣，提高教学效果。

（四）鼓励学生参与文化体验与实践

学校应当积极倡导并鼓励学生参与到丰富多样的文化体验与实践活动中去，诸如实地考察、民俗活动的亲身参与、传统艺术的手工制作等，这些活动构成了连接课堂理论与地方文化实践的桥梁，对于加深学生对区域文化的理解与认同具有不可替代的作用。通过实地考察，学生能够亲眼看见、亲身体验地方文化的实物遗存和现场表现，从而获得直观而深刻的文化认知。参与民俗活动，则能让学生置身于文化的传承与实践之中，感受民俗文化的独特魅力和生活智慧，增强其对本土文化的归属感和自豪感。而传统艺术制作活动，不仅能锻炼学生的动手能力和创造力，还能使其在实践中领悟传统艺术的精髓和技艺，进一步提升其文化素养。这些文化体验与实践活动，不仅丰富了学生的学习内容和方式，还促进了其全面发展。学生在活动中学会了如何将所学知识应用于实践，如何在实践中发现问题、解决问题，从而提高了其实践能力和创新思维。

四、区域文化导向在高职教学评价中的创新实践

（一）构建区域文化特色课程评价体系

在高职教育的广阔天地中，将区域文化导向融入教学评价体系，是提升教学质量、培养学生文化素养与创新能力的重要途径。为了将这一理念更好地付诸实践，构建具有区域文化特色的课程评价体系显得尤为重要。这一体系不仅是对传统教学评价模式的革新，更是对高职教育服务地方、传承文化使命的深刻体现。区域文化特色课程评价体系的构建，首要任务是明确评价目标与标准。在设定教学目标时，应充分考虑地方文化的独特性与多样性，将区域

文化的传承与创新作为核心要素融入其中。以旅游管理专业为例，该专业的课程评价体系应明确将地方旅游文化的认知、理解、传承与创新作为重要评价目标。具体而言，可以细化为学生对地方旅游历史、民俗风情、特色景观等方面的认知水平，以及他们在旅游产品设计、服务提供中融入地方文化元素的创新能力。

在评价标准的制定上，应遵循科学性、可操作性与全面性的原则。对于旅游管理专业而言，可以制定一系列具体、量化的评价标准，如学生对地方旅游文化知识的掌握程度、在旅游策划方案中体现的地方文化特色、对地方旅游文化发展趋势的洞察力等。应合理分配各评价标准的权重，确保评价体系的全面性与公正性。此外，构建区域文化特色课程评价体系还需引入多元化的评价主体。地方文化专家、企业代表等作为地方文化的传承者与实践者，他们的参与能够为评价体系提供更为专业、全面的视角。邀请他们参与教学评价过程，不仅可以对学生的作品进行更为准确、深入的评判，还能为学生提供宝贵的行业见解与职业指导。

（二）开展区域文化主题的教学竞赛与项目

教学竞赛与项目活动是高职教育中的重要教学手段，也是将区域文化导向融入教学评价的有效途径。通过定期举办以区域文化为主题的教学竞赛与项目，可以极大地激发学生的学习兴趣与积极性，促进他们对地方文化的深入了解与创新传承。以地方民间艺术创新设计大赛为例，这类竞赛不仅要求学生掌握传统的民间艺术技艺，还鼓励他们在此基础上进行创新设计，将传统艺术与现代审美、实用功能相结合。通过这样的竞赛活动，学生不仅能够深入调研地方民间艺术资源，还能在实践中锻炼自己的设计思维与创新能力。竞赛的评审过程也是对学生作品的一次全面评价，可以从中发现学生在地方文化传承与创新方面的潜力与不足。

除了竞赛活动外，还可以开展以区域文化为主题的教学项目。这些项目可以围绕地方特色旅游产品开发、地方文化传承与创新研究等主题展开。通过参与这些项目，学生可以在实践中深入了解地方文化的内涵与价值，学会如何将地方文化元素融入产品设计、营销策划等实际工作中。项目成果的展示与交流也是对学生学习成果的一次全面检验与评价。在教学竞赛与项目的实施过程中，应充分发挥地方文化专家、企业代表的作用。他们可以作为评委或指导老师,为学生提供专业化的指导与反馈意见。他们的参与不仅能够提升竞赛与项目的专业水平,还能为学生提供更多的行业信息与职业机会。

(三)建立区域文化实践教学基地

实践教学是高职教育的重要组成部分,也是将区域文化导向融入教学评价的关键环节。为了将区域文化导向的高职教学评价落到实处,高职院校应积极建立区域文化实践教学基地。这些实践教学基地可以设立在地方博物馆、文化遗址、企业研发中心等地,为学生提供近距离接触和体验地方文化的机会。通过参观、实习、调研等活动,学生可以更加深入地了解地方文化的历史渊源、发展现状及未来趋势。实践教学基地还可以为学生提供将所学知识应用于实际的机会,如参与地方文化项目的策划与实施、地方特色产品的设计与开发等。在实践教学基地的建设和运营过程中,应充分发挥地方文化专家、企业代表的作用。他们可以为基地的建设提供专业化的指导与支持,如参与实践教学计划的制订、为学生提供实习指导与职业规划等。他们的参与还能够为基地的运营注入更多的行业元素与市场活力,使学生能够在更加真实、具体的环境中学习和成长。建立区域文化实践教学基地,不仅可以使学生更加深入地了解地方文化的内涵与价值,还能培养他们的文化自觉和文化自信。在实践中,学生能够亲身体验地方文化的魅力与力量,从而更加坚定地认同和传承地方文化。

第六章　区域文化引领的高职学生实践活动

第一节　实践活动与区域文化的紧密结合

一、实践活动与区域文化融合的意义

（一）人才培养质量

传统的高职教育往往侧重于专业技能的培养，而忽视了对学生综合素质和创新能力的塑造。通过将实践活动与区域文化相结合，学生可以在学习专业技能的同时深入了解地方文化的历史渊源、民俗风情、艺术特色等，从而形成一个更加全面、多元的知识结构。这种知识结构的拓展，不仅有助于提升学生的文化素养，还能激发其创新思维，为未来的职业发展奠定坚实的基础。地方文化是地方特色和精神的体现，是当地人民共同的精神家园。通过参与文化调研、非遗传承项目等实践活动，学生可以亲身体验地方文化的魅力，加深对地方文化的理解和认同。这种文化认同感和归属感的增强，有助于培养学生的社会责任感和使命感，使其更加积极地投身于地方经济社会的发展之中。在实践中，学生需要运用所学知识解决实际问题，这不仅能够锻炼其实践操作能力，还能培养其团队协作、沟通协调等综合素质。地方文化的丰富性和多样性也为学生的创新提供了广阔的舞台。学生可以在挖掘和整理地方文化资源的过程中，发现新的创意点，开发出具有地方特色的新产品或新服务，从而提升其创新能力。

（二）促进地方文化传承

区域文化是地方历史、民俗、艺术、科技等多元文化的综合体，是地方独特魅力和精神风貌的集中展现。高职院校通过实践活动与区域文化的结合，可以成为促进地方文化传承的新动力。一方面，高职院校可以组织学生进行文化调研活动，深入挖掘和整理地方文化资源。通过走访当地老人、查阅历史文

献、实地考察等方式,学生可以全面了解地方文化的历史渊源、发展脉络和现状特点,为地方文化的保护和传承提供第一手资料。另一方面,高职院校可以依托自身的专业优势,开展非遗传承项目、地方特色产品开发等实践活动。通过师徒传承、校园传承等方式,学生可以学习到非遗技艺的精髓和技巧,为非遗的传承和发展贡献力量。学生还可以将地方文化元素融入产品设计之中,开发出具有地方特色的新产品,推动地方文化产业的创新发展。

(三)服务地方经济发展

高职院校作为地方经济社会发展的重要支撑力量,其教育实践活动应与地方产业发展紧密对接。通过结合区域文化特色,开展校企合作、产教融合项目,高职院校可以为地方经济发展提供有力的人才支持和技术服务。一方面,高职院校可以根据地方产业的需求,调整专业设置和人才培养方案,为地方企业提供符合需求的高素质技能型人才。通过校企合作、工学交替等方式,学生可以深入企业一线进行实习实训,了解其生产流程和技术需求,从而更好地适应地方产业的发展需要。另一方面,高职院校还可以依托自身的科研优势和技术力量,为地方企业提供技术创新和产品研发支持。通过结合区域文化特色,开展产教融合项目,高职院校可以与企业共同研发具有地方特色的新产品或新技术,推动地方文化产业的创新发展。这种产教融合的合作模式也有助于促进地方经济结构的优化升级,提高地方经济的竞争力和可持续发展能力。

二、实践活动与区域文化紧密结合的实施策略

(一)课程体系与教学内容的重构

1. 跨学科课程设置

在高职院校的教育体系中,跨学科课程设置是连接地方文化特色与专业教学的重要桥梁。为了更好地将地方文化的精髓融入专业教学,高职院校应根据地方文化的独特性和多样性,灵活调整课程设置,构建具有地方特色的跨学科教学体系。地方历史、民俗、艺术等文化元素是地方文化的重要组成部分,它们不仅承载着地方的历史记忆和民族情感,还蕴含着丰富的教育资源和商业价值。因此,高职院校在设置跨学科课程时,应将这些文化元素与专业教学紧密结合,形成独具特色的课程体系。例如,旅游管理专业可以开设“地方

文化旅游开发”课程，通过讲解地方文化的历史渊源、民俗风情和旅游资源，培养学生的文化旅游开发意识和实践能力；艺术设计专业可以设置“地方特色文化元素设计”课程，引导学生挖掘地方文化的艺术价值，将其融入设计作品中，提升作品的文化内涵和创意性。教师应具备跨学科的教学能力和文化素养，能够熟练运用地方文化资源进行教学设计和实施。高职院校还应鼓励教师开展跨学科的教学研究和实践活动，不断探索将地方文化融入专业教学的新方法和新途径。

2. 教学内容创新

将地方文化资源融入教学内容，不仅可以拓宽学生的知识视野，还能增强学生的文化认同感和实践能力。教师应深入挖掘地方文化资源，将其作为教学的重要内容。地方文化资源丰富多彩，包括历史遗迹、民俗传统、艺术作品等，这些都是宝贵的教学资源。教师应通过实地考察、文献查阅等方式，收集整理地方文化资源，并将其融入课堂教学中。例如，在市场营销课程中，教师可以通过分析地方特色产品的营销策略，让学生了解地方文化的商业价值和市场潜力，培养学生的市场营销意识和创新思维。教师应采用多样化的教学方法和手段，引导学生深入了解地方文化的内涵和价值。案例教学、项目教学等教学方法可以使学生亲身体验地方文化的魅力，增强其学习兴趣和积极性。例如，教师可以组织学生进行地方文化调研项目，让学生深入社区、乡村等地，实地了解地方文化的现状和发展趋势，撰写调研报告或制作宣传视频等作品，提升学生的实践能力和综合素质。

3. 教材与教辅资料开发

高职院校可以邀请地方文化专家、学者以及行业企业专家共同参与教材的编写工作，确保教材的内容既符合专业教学要求，又体现地方文化的独特魅力。教材应涵盖地方文化的历史、民俗、艺术等多个方面，为学生提供全面的学习资源。教辅资料可以包括教学课件、案例集锦、实训指导书等，为教师的教学和学生的自主学习提供有力支持。高职院校还可以利用现代信息技术手段，开发电子教材、网络课程等新型教学资源，实现教学资源的共享和互动。这些新型教学资源不仅具有丰富的表现形式和互动功能，还能满足学生随时随地学习的需求，提高教学的便捷性和有效性。

（二）实践教学平台的搭建

1. 校内外实训基地建设

实训基地是高职院校实践教学体系的重要组成部分，是连接理论知识与实际操作技能的桥梁。为了将地方文化元素有效融入实践教学，高职院校应加强与地方政府、企业等单位的合作，共同建设校内外实训基地。这些基地不仅需具备完善的实践教学功能，还应充分融入地方文化特色，为学生提供既真实又富有文化内涵的工作场景和实践体验。高职院校应与地方政府、行业协会及企业建立深度合作机制，共同确定实训基地的建设目标和内容。例如，旅游管理专业可以与地方旅游企业合作，建立集旅游服务、导游讲解、旅游规划于一体的旅游实训基地。在这样的实训基地中，学生不仅可以在真实的工作环境中学习旅游服务技能，还能深入了解地方旅游文化的独特魅力，如地方历史遗迹、民俗风情、特色美食等，从而将地方文化元素融入未来的职业实践中。除了基本的实践教学设施外，实训基地还应设置具有地方文化特色的展示区、体验区等，如地方文化墙、民俗工艺品展示柜、地方戏曲表演舞台等。这些设施不仅可以丰富实训基地的文化内涵，还能增强学生的文化认同感和归属感，激发其对地方文化的兴趣和热爱。

2. 文化体验中心建设

文化体验中心是高职院校展示地方文化、传承非物质文化遗产的重要载体，也是实践教学的重要场所。高职院校可以依托地方文化资源，建立具有鲜明地方特色的文化体验中心，如民俗博物馆、非物质文化遗产传承基地等。高职院校应深入挖掘地方文化资源，收集整理具有代表性的民俗物品、非物质文化遗产代表性项目等，通过展示、演绎、互动等方式，全方位、多角度地展示地方文化的魅力。例如，可以建立民俗博物馆，展示地方的历史文物、民俗服饰、传统工具等；或者建立非物质文化遗产传承基地，邀请非遗传人进行现场演示和教学，让学生亲身体验非物质文化遗产的魅力。文化体验中心应与教学实践紧密结合，成为实践教学的延伸和拓展。高职院校可以将文化体验中心作为实践教学的场所，组织学生进行实地考察、调研、学习等活动。例如，在艺术设计专业中，可以引导学生从地方文化中汲取灵感，进行创意设计；在旅游管理专业中，可以组织学生进行地方文化导游讲解实践等。这些实践活动不仅可以增强学生的实践能力，还能提升其文化素养和创新能力。

3. 虚拟仿真平台建设

随着信息技术的不断发展，虚拟仿真技术在教育领域的应用越来越广泛。高职院校可以利用虚拟仿真技术搭建虚拟仿真平台，模拟地方文化场景和工作环境，为学生提供更加便捷、高效的实践教学手段。虚拟仿真平台的建设可以突破时间和空间的限制，为学生提供更加丰富的实践教学资源。通过虚拟仿真技术，可以模拟地方文化的各种场景，如古建筑群、民俗活动现场、非物质文化遗产制作过程等。学生可以在虚拟环境中进行自由探索和学习，不受实际条件的限制。虚拟仿真平台可以降低实践教学成本，提高实践教学效果。传统的实践教学往往需要大量的物力、人力和财力投入，而虚拟仿真平台则可以通过软件模拟实现大部分实践教学功能，大大降低了教学成本。虚拟仿真平台还可以提供更加真实、生动的实践教学体验，增强学生的参与感和兴趣，提高教学效果。

（三）实践教学模式的创新

1. 项目驱动教学

项目驱动教学模式作为一种以学生为中心、以项目为载体的教学方法，强调通过实际项目的策划、实施和评价过程，培养学生的实践能力、创新精神和团队协作精神。在高职教育中，引入地方文化项目作为实践教学的载体，不仅能够丰富教学内容，还能增强学生的文化认同感和归属感。高职院校应与地方政府、文化机构及企业等合作，筛选出具有代表性、可行性和教育意义的地方文化项目，如地方特色文化元素设计、地方文化旅游产品开发、地方历史遗迹保护与规划等。这些项目不仅涵盖了艺术设计、旅游管理、文化遗产保护等多个专业领域，还能够让学生在实践中深入了解地方文化的独特魅力和价值。在项目驱动教学过程中，教师应充当引导者和辅导者的角色，鼓励学生主动参与项目的各个环节。从项目的策划阶段开始，学生就需要进行市场调研、文化分析、方案设计等工作，这有助于培养他们的信息获取能力、分析问题和解决问题的能力。在项目实施阶段，学生需要团队协作，共同完成任务，这能够锻炼他们的沟通协调能力和团队合作精神。最后，在项目评价阶段，通过展示成果、分享经验、接受反馈，学生能够认识到自己的不足，明确改进方向，从而实现自我成长和提升。

2. 产学研合作教学

产学研合作教学是高职院校与地方政府、企业等单位共同开展实践教学活动的一种有效模式。产学研合作，不仅可以为学生提供更加广阔的学习和实践平台，还能够促进地方文化的传承与创新，实现教育链、人才链与产业链、创新链的有机衔接。一方面，高职院校应积极寻求与地方政府的合作，共同推动地方文化产业的创新发展。例如，旅游管理专业可以与地方旅游部门合作，共同开发具有地方特色的旅游线路和产品，既满足市场需求，又彰显地方文化特色。在合作过程中，学生可以参与到旅游线路的规划、旅游产品的设计、市场营销策略的制定等各个环节，将理论知识与实践操作紧密结合，提升综合素质。另一方面，高职院校还应加强与企业的产学研合作，共同建立实训基地和研发平台。企业可以提供真实的职业环境和技术支持，为学生提供实习实训的机会；高职院校则可以为企业提供人才支撑和智力支持，共同开展技术研发和创新项目。这种合作模式不仅能够促进地方文化的产业化发展，还能够为学生的职业发展和创新创业提供有力支撑。

3. 社会实践与服务学习

社会实践与服务学习是高职教育的重要组成部分，也是培养学生社会责任感和奉献精神的有效途径。将地方文化元素融入社会实践和服务学习中，不仅能够让学生更加深入地了解地方文化的内涵和价值，还能够激发他们为地方文化传承与发展贡献力量的热情。高职院校应鼓励学生利用假期时间参与地方文化调研、非遗传承、社区文化服务等社会实践活动。例如，学生可以组成调研团队，深入乡村、社区进行地方文化资源的挖掘和整理，为地方文化的保护和传承提供第一手资料；或者参与非遗代表性传承人的培训和学习，掌握非遗技艺，为非遗的传承和发展贡献自己的力量；还可以参与社区文化服务活动，如文化讲座、文艺演出等，为社区居民提供文化娱乐服务。在社会实践和服务学习过程中，学生需要与社会各界人士进行沟通和交流，这能够锻炼他们的社会交往能力和沟通表达能力。通过亲身参与地方文化的保护和传承工作，学生能够深刻体会到地方文化的重要性和价值所在，从而增强他们的文化自信和社会责任感。

（四）师资队伍的建设与培养

1.引进优秀人才

高职院校作为培养高素质技能型人才的重要阵地，其师资队伍的素质和能力直接影响着教学质量和科研水平。在地方文化与实践教学深度融合的背景下，高职院校应加大人才引进力度，积极吸引具有地方文化研究和实践经验的优秀人才加入师资队伍。高职院校应根据自身专业设置和区域文化特色，制订具体的人才引进计划，明确所需人才的专业背景、研究方向和实践经验。特别是对于那些在地方文化研究、非物质文化遗产保护、文化旅游开发等领域具有深厚造诣的专家学者，高职院校应给予高度重视，通过提供优厚的待遇和条件，吸引他们加盟。高职院校可以通过校园招聘、社会招聘、人才引进计划等多种渠道，广泛搜寻和发掘优秀人才；还可以与地方政府、文化机构、企业等建立合作关系，通过项目合作、兼职聘任等方式，柔性引进具有实践经验的行业专家和技术能手，为实践教学提供有力支持。引进的优秀人才不仅可以为实践教学注入新的活力和动力，还可以为高职院校的学科建设和科研发展提供新的思路和方法。他们可以将自己在地方文化研究和实践中的经验和成果融入教学中，丰富教学内容，提高教学质量。他们还可以带领科研团队，开展地方文化相关的科研项目，推动高职院校的科研创新性发展。

2.师资培训与交流

在地方文化与实践教学深度融合的背景下，高职院校应定期组织教师参加地方文化培训与交流活动，提高教师对地方文化的认知和理解能力。一方面，高职院校可以邀请地方文化研究的专家学者来校举办讲座、研讨会等活动，向教师介绍地方文化的历史渊源、文化内涵和时代价值。通过这些活动，教师可以更加深入地了解地方文化的独特魅力和价值所在，增强对地方文化的认同感和归属感。另一方面，高职院校还可以组织教师到地方文化机构、企业等进行实地考察和学习交流。通过参观博物馆、文化遗产保护单位、文化旅游企业等，教师可以直观感受地方文化的实际应用和发展现状，了解行业前沿动态和技术发展趋势。教师还可以与地方文化工作者、行业专家等进行深入交流和探讨，拓宽视野，拓展思路。通过师资培训与交流活动，教师可以不断提升自己的专业素养和教学能力。他们可以将所学的知识和经验融入教学中，创新教学方法和手段，提高教学效果。

3. 建立激励机制

为了鼓励教师积极参与地方文化的研究与实践活动,高职院校应建立完善的激励机制,通过设立科研项目、教学成果奖等方式,激发教师的积极性和创造性,推动实践教学与区域文化的紧密结合。高职院校可以设立地方文化相关的科研项目,鼓励教师围绕地方文化展开深入研究。对于在科研项目中取得突出成果的教师,可以给予相应的奖励和荣誉,如科研成果奖、优秀论文奖等。这些奖励不仅可以肯定教师的科研成果,还可以激励更多教师投身于地方文化的研究中。高职院校还可以设立教学成果奖,表彰在实践教学中取得优异成绩的教师。对于那些将地方文化元素有效融入实践教学中,取得显著教学效果的教师,可以给予教学成果奖、优秀教师等荣誉称号。这些奖励不仅可以激发教师的教学热情和创新精神,还可以推动实践教学与区域文化的深度融合。此外,高职院校还可以通过提供经费支持、改善工作环境、提供晋升机会等方式,为教师创造更好的工作和发展条件。

(五)校园文化与区域文化的融合

1. 校园文化活动策划

校园文化活动是高职院校学生课余生活的重要组成部分,也是学生接触和了解多元文化、拓宽视野的重要途径。在高职院校的校园文化活动策划中,融入地方文化特色,不仅能够丰富学生的课余生活,还能让学生在参与中更加深入地了解地方文化的内涵和价值,增强对地方文化的认同感和归属感。高职院校应充分挖掘和利用地方文化资源,策划具有鲜明地方特色的校园文化活动。例如,可以举办地方文化艺术节,邀请地方艺术团体进校表演,展示地方戏曲、民间舞蹈、传统音乐等艺术形式,让学生近距离感受地方文化的魅力。还可以组织民俗文化展,通过展览、讲座、互动体验等形式,展示地方的风俗习惯、民间工艺、传统节日等,让学生在观赏和参与中增进对地方文化的了解。高职院校应鼓励学生积极参与到活动的策划、组织和实施中来,让他们在实践中锻炼组织能力、沟通能力和团队合作精神。还可以通过设置文化主题竞赛、文化创意市集等活动,激发学生的创造力和创新思维,让他们在活动中展现自己的才华和创意。

2. 校园景观与文化建设

校园景观和文化建设是高职院校校园文化的重要组成部分,也是展示学校形象和特色的重要窗口。在校园景观和文化建设中融入地方文化元素,不仅可以营造浓厚的文化氛围,还可以让学生在潜移默化中感受地方文化的魅力,增强对地方文化的认同感和自豪感。高职院校应注重校园景观的规划和设计,将地方文化元素融入其中。例如,可以在校园内建设具有地方特色的建筑、雕塑、园林景观等,展示地方的历史文化、民俗风情和自然风光。还可以在校园内设置文化墙、文化长廊等,展示地方的名人名言、历史典故、文化符号等,让学生在行走中感受文化的熏陶。高职院校应加强校园文化的内涵建设,将地方文化精神融入校园文化中,可以通过制定校训、校歌、校徽等文化标识,彰显学校的地方文化特色和办学理念;还可以开展以地方文化为主题的系列讲座、学术论坛等活动,邀请地方文化专家、学者进校交流,拓宽师生的学术视野和文化视野。

3. 学生社团与文化建设

学生社团是高职院校学生自我组织、自我管理、自我服务的重要组织形式,也是学生展示才华、锻炼能力的重要平台。在高职院校的学生社团建设中,鼓励成立具有地方文化特色的学生社团,不仅可以为学生提供学习和实践的平台,还可以成为传播和弘扬地方文化的重要力量。高职院校应鼓励学生根据自己的兴趣和爱好,成立具有地方文化特色的学生社团。例如,可以成立民俗文化协会、非物质文化遗产传承社等社团,组织学生学习和传承地方的文化艺术、传统手工艺等。通过社团的活动,学生可以深入了解地方文化的历史渊源、文化内涵和时代价值,增强对地方文化的认同感和自豪感。学生社团应注重活动的开展和创新,可以组织社团成员开展文化调研、文化采风等活动,深入了解地方文化的现状和发展趋势;还可以举办文化展览、文艺演出等活动,展示社团成员的学习成果和创作才华。活动的开展和创新,不仅可以提高学生的组织能力和创新能力,还可以增强社团的凝聚力和影响力。

第二节　实训基地的区域文化功能拓展

一、区域文化教育的新载体

（一）构建地方文化课程体系

实训基地在职业教育体系中扮演着至关重要的角色，其不仅是学生技能锤炼的摇篮，更是地方文化传承与创新的重要载体。为了充分发挥实训基地的这一功能，应结合地方文化特色，精心开发一系列具有鲜明地域特色的文化课程。这些课程的设计需深入挖掘地方历史的深厚底蕴，系统梳理民俗文化的丰富内涵，全面展现地方艺术的独特魅力，确保课程内容的多元性与全面性。更为重要的是，这些文化课程不应孤立存在，而应与专业技能培训紧密融合，实现文化与技能的有机统一。在课程设置上，应巧妙地将地方文化元素融入专业技能的教学之中，使学生在掌握专业技能的同时能够深入理解地方文化的精髓与价值，从而培养出既具备扎实专业技能又熟悉地方文化的复合型人才。

可采用多样化的教学方式，如课堂教学、实地考察、案例分析等。通过课堂教学，系统传授地方文化的理论知识，为学生的文化认知奠定坚实基础；通过实地考察，让学生亲身体验地方文化的独特魅力，增强其对地方文化的直观感受；通过案例分析，引导学生深入剖析地方文化在现代社会中的应用与传承，培养其文化创新与实践能力。

（二）实施文化浸润式实训

在实训过程中，深度融合地方文化元素，是提升学生地方文化素养与实践能力的重要途径。这一融合策略旨在通过具体实践操作，使学生在亲身体验中深刻感受地方文化的独特魅力，进而促进其对地方文化的深入理解与传承。以旅游服务专业为例，实训基地可精心构建模拟地方旅游景点的实训环境，让学生置身于真实的导游服务场景中。在此过程中，学生不仅要学习专业的导游讲解技巧，更要深入掌握地方文化的历史渊源、风俗习惯、名胜古迹等丰富知识，以便在实际操作中能够准确无误、生动有趣地进行地方文化的解说与传播。通过模拟导游服务,学生不仅能够锻炼其语言表达与人际沟通能力,还能在实践中加深对地方文化的认知与热爱。同样,在工艺美术专业的实训基地中,可充分利用地方特色资源,引导学生创作具有鲜明地域特色的工艺品。通过指导学生学习传统工艺技法,结合现代设计理念,鼓励他们大胆创新,将地方文化元素融入作品之中,从而培养出既继承传统又勇于创新的文化创新能力。

(三)建立文化导师制度

为了进一步提升实训基地在地方文化传承与教育中的功能,应积极邀请地方文化专家、非物质文化遗产代表性传承人等具有深厚文化底蕴的嘉宾,担任实训基地的文化导师,为学生们提供权威且专业的文化指导与辅导。这些文化导师不仅是地方文化的活化石,更是传承与创新地方文化的重要力量。他们通过师徒传承这一传统而有效的教育方式,将自身丰富的文化知识和独到的技艺倾囊相授,使学生们在耳濡目染中感受到地方文化的深厚底蕴和独特魅力。除了师徒传承,实训基地还可组织形式多样的工作坊,如地方手工艺制作、民俗活动体验、地方戏曲表演等,让学生们在实践中亲手触摸、亲身体验地方文化的多样性和丰富性。这些工作坊不仅注重技能的传授,更强调文化的理解和感悟,旨在通过实践操作,让学生们深刻领会地方文化的精髓所在。

二、区域文化的传承发展

(一)搭建传承平台

实训基地,作为职业教育与地方文化交汇融合的桥梁,应当积极承担起地方文化传承的重要使命,成为展现地方文化独特魅力与深厚底蕴的重要平台。为了实现这一目标,实训基地应充分发挥其资源优势与功能特性,通过精心策划与组织地方文化节、民俗展演、传统技艺展示等一系列丰富多彩的文化活动,为地方文化的传承与发展提供广阔的展示空间与交流平台。这些活动不仅能够让师生近距离地感受到地方文化的独特韵味,还能够吸引社会各界人士的关注与参与,促进地方文化的广泛传播与深入交流。此外,实训基地还应积极寻求与地方文化机构的深度合作,共同开展一系列旨在推动地方文化活态传承的项目。通过与合作机构资源共享、优势互补,实训基地能够更有效地挖掘、整理与保护地方文化遗产，同时将这些宝贵的文化资源融入职业教育的教学体系中，使学生在学习专业技能的同时也能够深入了解并传承地方文化。

(二)推动文化创新实践

实训基地作为职业教育与文化创新融合的孵化器，应大力鼓励并支持学生在其中进行文化创新实践，积极探索将地方文化元素与现代设计理念、先进科技手段相融合的新路径。这一过程，不仅能够激发学生的创造力与想象力，还能够促进地方文化的创造性转化与发展，创作出既具有新颖性又兼具实用性的文化产品。具体而言，在数字媒体艺术专业的实训基地中，可以充分引导学生发挥专业优势，将地方文化的独特符号、故事传说、民俗风情等元素融入数字艺术作品的创作中。通过运用数字绘画、三维建模、虚拟现实等现代技术手段，打造出具有鲜明地方特色和时代感的数字艺术作品，为地方文化的传播与弘扬开辟新的渠道。在电子商务专业的实训基地中，可以鼓励学生结合地方文化的特色与优势，开发具有地方文化特色的电商平台。通过平台的设计与开发，将地方的手工艺品、特色美食、文化旅游产品等资源进行整合与展示，推动地方文化的产业化发展。这不仅能够提升地方文化的知名度和影响力，还能够为地方经济的发展注入新的活力，实现文化传承与经济发展的双赢局面。

(三)建立文化创新孵化机制

实训基地在地方文化传承与创新发展中扮演着至关重要的角色，为了充分发挥其在文化创新方面的潜力，应建立一套完善的文化创新孵化机制。这一机制旨在为具有创新潜力、富有创意的文化项目提供全方位、多层次的支持，包括但不限于资金扶持、场地提供以及技术支持等关键要素。在文化创新孵化机制的运行下，实训基地不仅关注文化项目的创意构思与初步设计，更注重促进其成果的转化与应用。通过搭建展示平台、对接市场渠道、提供法律咨询与版权保护服务等多种方式，实训基地能够有效推动文化创新成果走向市场，实现其经济价值与社会价值的双重提升。此外，孵化机制还强调与地方文化企业、行业协会以及科研机构的紧密合作，通过产学研用的深度融合，加速文化创新成果的产业化进程。这种合作模式不仅能够促进地方文化的创新性发展，还能够为地方经济的转型升级提供新的动力源泉，实现文化传承与创新发展的良性循环。

三、服务地方文化的交流与传播

（一）开展文化交流活动

实训基地,作为职业教育与地方文化交汇的枢纽,应当积极承担起促进地方文化交流与融合的重要职责,成为地方文化展示与交流的活跃场所。为了实现这一目标,实训基地应定期举办形式多样的文化交流会、研讨会以及展览等活动,为地方文化与其他地区文化搭建一个开放、包容的交流平台。通过这些活动,不仅可以展示地方文化的独特魅力与深厚底蕴,还能够吸引外地文化的精髓与创新元素,促进不同文化之间的相互了解、借鉴与融合,从而丰富地方文化的内涵,提升其影响力与竞争力。此外,实训基地还应拓宽视野,积极寻求与国际职业教育机构的合作机会,共同开展国际文化交流项目。通过与国际伙伴的深度合作,实训基地可以引入国际先进的教育理念与文化资源,为地方文化的国际化传播开辟新路径。借助国际交流的平台,地方文化也得以走向世界,展示其独特的文化价值与魅力,增强国际社会对地方文化的认知与认同。

（二）提供文化咨询服务

实训基地凭借其深厚的专业积淀与独特的资源优势,完全有能力为地方文化机构及企业提供全方位、高质量的文化咨询服务。这一服务模式的构建,不仅能够有效促进实训基地与地方文化领域的深度融合,还能够充分发挥实训基地的专业特长,为地方文化的繁荣与发展贡献智慧与力量。具体而言,实训基地可为地方旅游景点提供定制化的文化解说词撰写服务,通过深入挖掘景点的历史文化内涵与特色亮点,撰写出既准确又生动的解说词,提升游客的旅游体验与文化认知。实训基地还可承接地方旅游景点的文化活动策划任务,运用专业的策划理念与创新思维,打造出具有地方特色与文化韵味的活动项目,增强景点的吸引力与影响力。对于地方文化企业而言,实训基地同样能够提供有力的市场调研与品牌策划支持。通过科学的市场调研方法,实训基地能够帮助企业准确把握市场需求与消费趋势,为企业的产品开发与市场拓展提供数据支撑。而在品牌策划方面,实训基地则可运用专业的品牌理念与营销策略，为企业打造独具特色的品牌形象，提升企业的市场竞争力与品牌价值。

（三）建立文化传播渠道

实训基地在地方文化的传承与发展中扮演着举足轻重的角色，其应充分利用现代传媒手段的广泛影响力与高效传播力，建立起多元化的文化传播渠道，以推动地方文化的广泛传播与深入普及。具体而言，实训基地可积极利用社交媒体、短视频平台等新媒体渠道，这些平台以其庞大的用户基础、高度的互动性以及内容的多样性，成为文化传播的新阵地。实训基地可以组织专业团队，深入挖掘地方文化的独特魅力与丰富内涵，通过文字、图片、视频等多种形式，将地方文化的历史故事、民俗风情、传统技艺等精彩内容呈现给广大受众。在社交媒体上，实训基地可以定期发布地方文化相关的文章、图文消息，引发公众的讨论与分享；在短视频平台上，则可以制作一系列短小精悍、生动有趣的短视频，展示地方文化的独特魅力，吸引更多年轻人的关注与喜爱。通过这些新媒体渠道的传播，地方文化能够跨越地域限制，触及更广泛的受众群体，增强公众对地方文化的认知与认同，进而激发其对地方文化的兴趣与热爱。实训基地应不断探索与创新文化传播的方式与手段，充分利用现代传媒的力量，让地方文化在新时代的浪潮中焕发出新的生机与活力，为地方文化的传承与发展贡献更大的力量。

四、引领区域文化的发展方向

（一）发挥文化引领作用

实训基地需深入挖掘地方文化的深厚内涵与独特价值，通过系统的研究与分析，揭示地方文化的历史渊源、发展脉络以及在现代社会中的独特地位与作用。在此基础上，实训基地应充分发挥其智囊团的作用，提出具有前瞻性和创新性的文化发展理念与策略。这些理念与策略不仅要立足于地方文化的实际，充分考虑地方文化的特色与优势，还要紧跟时代发展的步伐，融合现代科技、市场经济等多元因素，为地方文化的未来发展描绘出清晰的蓝图。实训基地应通过举办论坛、研讨会等形式，将这些文化发展理念与策略进行广泛的传播与交流，引导地方政府、文化机构、企业以及社会各界共同关注和支持地方文化的创新发展。实训基地还应积极参与地方文化项目的规划与实施,将理念与策略转化为具体的行动方案,为地方文化的繁荣发展提供方向性指导和实践性支持。

(二)示范文化创新模式

实训基地应当充分发挥其展示窗口与示范平台的作用,积极展现文化创新的成功模式与典型案例,为地方文化的创新发展提供生动的范本与有益的借鉴。实训基地需系统梳理和总结在文化创新实践中积累的经验与成果,将这些宝贵的智慧结晶以直观、形象的方式呈现出来,让地方社会的各界人士能够目睹文化创新的魅力与成效。通过实训基地的展示与推广,不仅可以彰显文化创新的多样性与可行性,还能够激发地方社会对于文化创新的浓厚兴趣与积极参与。实训基地应组织定期的展览、研讨会、交流会等活动,邀请地方文化工作者、企业家、学者以及广大民众共同参与,分享文化创新的理念、方法与经验,探讨文化创新的方向与路径。此外,实训基地还应注重将文化创新的成功模式与案例进行提炼与升华,形成可复制、可推广的模式与机制,为地方文化的创新发展提供有力的支撑与保障。

(三)构建文化生态体系

实训基地应当积极寻求与地方政府、文化机构、企业等各方力量的深度合作,共同构建一个协同高效、互利共赢的地方文化生态体系。这一体系的构建,旨在通过整合各方资源、汇聚多元智慧、形成强大合力,全面推动地方文化的传承、创新、交流与传播。实训基地应充分发挥其平台优势,成为连接各方力量的桥梁与纽带。与地方政府紧密合作,共同规划地方文化的发展战略与路径,为地方文化的长远发展提供政策支持与保障;与文化机构深入协作,共同挖掘、整理与保护地方文化遗产,推动地方文化的活态传承与创新发展;与企业携手并进,将地方文化的独特元素融入产品研发、市场营销等各个环节,推动地方文化的产业化与市场化进程。通过实训基地的协调与推动,各方力量能够形成优势互补、协同发展的良好局面,在传承中创新,在创新中交流,在交流中传播,共同推动地方文化的全面发展。实训基地应成为地方文化生态体系中的核心枢纽,为地方文化的繁荣与发展贡献智慧与力量。

第三节　创新创业教育与区域文化的融合

一、创新创业教育与区域文化融合的必要性

（一）提升教育教学的针对性和实效性

将区域文化这一富有生命力的资源融入创新创业教育之中，不仅是对传统教育模式的一种创新尝试，更是对教育内容本土化、实践化的一种深度挖掘。通过巧妙地将区域文化的特色元素、历史传承、民俗风情以及地方产业发展现状等融入创新创业教育的课程体系与教学实践中，可以使教育内容更加贴近地方经济社会发展的实际需求，增强教育的时效性和应用性。区域文化的融入为创新创业教学方法带来了新的活力。它鼓励教师采用案例分析、实地考察、项目驱动等多样化的教学手段，将抽象的理论知识与具体的区域文化实践相结合，使学生在亲身体验中深化对创新创业知识的理解，从而更加符合学生的认知规律和学习需求。此外，区域文化的丰富内涵为学生提供了广阔的创新思维空间，能够激发他们探索未知、勇于尝试的创业热情，培养他们的创新意识、批判性思维和解决问题的能力。

（二）促进地方经济社会的发展

在日益激烈的区域竞争环境中，高职院校肩负着为地方输送高素质、高技能人才的重要使命。将创新创业教育与区域文化深度融合，是高职院校顺应时代发展潮流、创新人才培养模式的重要举措。通过这一融合过程，不仅能够培养出既具备扎实专业知识，又深谙区域文化特色，同时具备强烈创新精神和实践能力的高素质人才，为地方经济社会发展提供源源不断的人才保障和智力支撑，满足地方产业升级和经济社会发展的多元化需求。创新创业项目的实施，成为推动地方产业结构优化升级的关键引擎。这些项目往往紧密围绕地方特色资源和优势产业，通过技术创新、模式创新等手段，为传统产业注入新的活力，催生新兴业态，促进产业结构的调整和优化。在这一过程中，高职院校的师生不仅成为创新的主体，更是地方经济发展的积极参与者和推动者。

（三）传承和弘扬区域文化

将创新创业教育与区域文化资源相融合，不仅为教育体系注入了新的活力，也为区域文化的传承与弘扬开辟了新的路径。在这一融合过程中，学生通过参与创新创业实践活动，不仅能够在实践中锻炼和培养创新意识与实践能力，还能够在深入了解和研究区域文化的基础上，深刻体会到其独特魅力和价值所在。通过创新创业项目的精心设计与实施，区域文化中的传统工艺、民俗风情、历史故事等独特元素得以被挖掘和呈现，以新颖、创新的方式展现在世人面前。这些项目不仅促进了区域文化的活态传承，还使其在现代社会的语境下焕发出新的生机与活力。项目的推广与成果展示，为更多的人提供了接触和了解区域文化的窗口，增强了社会各界对区域文化的认知与认同，进一步提升了民族文化的自信心和自豪感。

二、创新创业教育与区域文化融合的可行性

（一）政策支持与引导

近年来，国家层面高度重视创新创业教育与区域文化的协同发展，视其为推动经济社会进步、增强民族文化自信的重要途径。为此，国家出台了一系列具有前瞻性和指导性的政策和措施，为高职院校创新创业教育与区域文化的深度融合提供了坚实的政策支撑和明确的导向引领。这些政策不仅强调了创新创业教育在培养创新型人才、激发社会创新活力方面的重要作用，还明确指出了区域文化在塑造地方特色、提升民族文化软实力方面的独特价值，为两者的融合奠定了坚实的理论基础和实践依据。在政策的引领下，高职院校得以在创新创业教育中充分融入区域文化元素，通过课程设置、教学实践、项目孵化等多种形式，将区域文化的精髓与创新创业的理念相结合，形成了独具特色的教育模式和实践路径。政策还为融合实践提供了良好的外部环境，包括资金支持、平台搭建、服务保障等多方面的优惠和支持措施，有效降低了融合实践的成本和风险，提高了融合的效率和效果。

（二）教育资源与优势

高职院校作为高等教育的重要组成部分，不仅承载着培养高素质技能型

人才的重要使命,还拥有着丰富的教育资源和显著的优势条件。这些资源包括但不限于一支高素质、专业化的师资队伍,他们不仅具备深厚的学术功底,还拥有丰富的实践经验,能够为创新创业教育与区域文化的融合提供有力的智力支持。高职院校还配备有先进的教学设施和完备的实训基地,为学生提供了良好的学习环境和实践平台,有助于他们在实践中深化对创新创业知识的理解,提升将区域文化元素融入创新创业项目的能力。此外,高职院校还充分发挥其与地方企业、行业协会等社会组织的紧密联系和合作优势,通过建立产学研用深度融合的合作机制,为创新创业教育与区域文化的融合实践提供了广泛的合作平台和宝贵的机会。这种合作模式不仅促进了教育链、人才链与产业链、创新链的有效衔接,还使得高职院校能够更加准确地把握地方经济社会发展的需求和趋势,从而有针对性地调整和优化创新创业教育的内容和方式,培养出更多符合地方特色和创新需求的高素质人才。

(三)学生需求与动机

当代大学生作为新时代的青年群体,他们成长于信息爆炸、科技日新月异的时代背景下,内心深处蕴含着强烈的创新意识和蓬勃的创业精神。他们对新事物、新思想、新技术充满着无限的好奇与热情,对于创新创业这一充满挑战与机遇的领域,更是展现出浓厚的兴趣和强烈的动机。这一群体特征为高等教育提出了新的要求,也为创新创业教育的改革与发展提供了广阔的空间。将创新创业教育与区域文化相融合,正是顺应当代大学生需求与动机的教育创新之举。区域文化作为地方历史与现实的结晶,蕴含着丰富的文化内涵和独特的价值理念,为创新创业教育提供了丰富的素材和灵感来源。将区域文化元素融入创新创业教育的课程内容、教学实践和项目孵化中,不仅可以满足学生对多元化、特色化知识的需求,更能激发他们的学习兴趣和创业热情,引导他们在探索区域文化的过程中,不断挖掘创新点,培育创业项目。这种融合式的教育模式还能够有效培养学生的创新意识和实践能力,使他们在理论与实践的结合中,不断提升将创新思维转化为实际行动的能力,为未来的创新创业道路奠定坚实的基础。

三、创新创业教育与区域文化融合的具体策略

（一）将区域文化融入课程体系

高职院校在教育教学改革中，应充分认识到区域文化在创新创业教育中的独特价值，积极将区域文化元素融入课程设置之中，开设一系列具有鲜明地方特色的创新创业课程。这些课程不仅应涵盖区域文化的历史渊源、发展脉络、独特魅力及其在现代社会中的价值体现，还应通过课堂教学这一主渠道，结合案例分析、小组讨论、角色扮演等多样化的教学方法，引导学生深入了解和掌握区域文化的精髓与内涵，从而在他们的心中播下创新意识的种子。此外，高职院校还应注重实践教学环节的设计与实施，通过组织实践项目、创业模拟、实地考察等活动，让学生在亲身体验中感受区域文化的魅力，锻炼他们的创新创业能力。为进一步增强学生的实践感知和创业动力，高职院校可以邀请地方企业家、文化名人等业界精英走进校园，举办讲座、研讨会或设立工作坊，与学生进行面对面的交流互动。

（二）搭建区域文化创新创业实践平台

高职院校在推进创新创业教育与区域文化融合的过程中，应积极寻求与地方政府、企业等多方主体的深度合作，共同搭建一个集教学、实践、展示与交流于一体的区域文化创新创业实践平台。这一平台的构建，旨在为学生提供一个将理论知识与实际操作紧密结合的实践环境，使他们能够在真实的项目运作中锻炼创新意识，提升实践能力，为未来的创新创业生涯奠定坚实基础。通过平台的运作，高职院校可以为学生提供丰富的实践机会和全方位的创业支持，包括但不限于资金扶持、技术指导、市场开拓等，以降低学生的创业风险，提高他们的创业成功率。平台还可以作为展示学生创新创业成果的重要窗口，通过举办创新创业大赛、文化节庆活动等形式多样的活动，不仅能够激发学生的参与热情，展示他们的创新才华和创业成果，还能够有效推广区域文化，增强社会对地方特色文化的认知与认同。此外，这些活动的成功举办，还将进一步促进地方经济社会的全面发展，为地方产业升级、文化繁荣注入新的活力。通过平台的持续运营与不断完善，高职院校能够更好地服务于地方经济社会发展大局，实现教育链、人才链与产业链、创新链的有效对接，为构建区

域创新创业生态体系贡献重要力量。

高职院校在推进创新创业教育与区域文化深度融合的过程中，应高度重视师资队伍的建设与培训，将其视为提升教育质量和教学效果的关键环节。为提高教师的创新创业教育水平和区域文化素养，高职院校应积极采取措施，选派具有潜力和热情的教师参加国内外相关领域的培训和交流活动，通过系统学习和深入交流，拓宽他们的学术视野，丰富他们的知识结构，使他们能够更好地把握创新创业教育的最新动态和区域文化的深刻内涵。高职院校应鼓励教师积极参与创新创业项目和实践活动，将理论知识与实际操作相结合，通过亲身实践提高他们的创新创业能力和项目指导水平。教师在实践中积累的经验和案例，可以反哺课堂教学，使教学内容更加生动、实用，增强学生的学习兴趣和参与度。此外，高职院校还可以邀请在创新创业领域具有丰富经验和显著成就的导师来校授课或进行指导，为师生提供宝贵的学习机会和优质的教育资源。

（三）营造浓厚的校园创新创业文化氛围

高职院校在推进创新创业教育与区域文化融合的过程中，应致力于营造一种浓厚的校园创新创业文化氛围，以此作为培育学生创新创业精神和实践能力的重要土壤。为实现这一目标，高职院校应积极策划并举办各类创新创业讲座、论坛及展览等活动，通过这些平台普及创新创业的基本知识和核心理念，让学生在轻松愉快的氛围中接受创新思维的熏陶，激发他们对创新创业的兴趣和热情。高职院校应加强校园创新创业的宣传和推广工作，利用校园广播、校报、网络新媒体等多种渠道，广泛传播创新创业的成功案例和先进经验，提高学生的知晓率和参与度，形成全校师生共同参与、共同支持的良好局面。此外，高职院校还应鼓励学生自发成立创新创业社团或组织，为他们提供必要的场地、资金和技术支持，引导他们自主开展形式多样的创新创业活动和实践项目。

第七章　区域文化在高职院校师资队伍建设中的应用

第一节　师资队伍的区域文化素养提升途径

一、加强区域文化教育培训

(一)设立专项培训项目

高职院校在提升师资队伍区域文化素养的过程中,应充分认识到设立专门针对区域文化素养提升的培训项目的重要性和紧迫性。为此,高职院校需精心策划并设立一系列系统、全面的培训项目,明确培训的具体目标、内容和形式,以确保培训工作的针对性和实效性。在培训内容的设计上,应充分涵盖区域历史、文化特色、经济发展、社会变迁等多个方面,旨在帮助教师全面、深入地了解所在地区的文化底蕴和发展现状。具体而言,区域历史的培训应涵盖地方历史沿革、重要历史事件及人物等,使教师能够把握地方历史脉络,增强对地方文化的历史认同感;文化特色的培训则应聚焦于地方独特的文化传统、民俗风情、艺术形式等,引导教师挖掘和传承地方文化瑰宝;经济发展的培训则需关注地方产业结构、经济发展趋势及政策环境等,帮助教师了解地方经济发展动态,为教育教学提供实践支撑;社会变迁的培训则应涉及地方社会结构、人口流动、城市化进程等,使教师能够全面把握地方社会发展变化,增强教学的时代感和现实性。

(二)引入专家学者举办讲座

高职院校在致力于提升师资队伍区域文化素养的过程中,应充分认识到外部专家资源的重要性,因此,应定期邀请在区域文化研究方面有深厚造诣的专家学者来校进行专题讲座。这些专家学者作为区域文化研究领域的佼佼者,不仅掌握着前沿的学术信息,还拥有着对区域文化独到的见解和深刻的洞察。通过专家的精彩讲解和悉心引导,高职院校的教师们能够得以更深入地理解区域文化的丰富内涵和独特价值。专家们会从历史渊源、文化特色、社会结构等多个维度,对区域文化进行全面而深入的剖析,帮助教师们构建起对区域文化的系统性认识。专家们还会分享他们在研究过程中的宝贵经验和独特视角,激发教师们对区域文化研究的兴趣和热情。此外,专家的讲座还为教师们提供了一个拓宽学术视野的宝贵机会。通过与专家的面对面交流,教师们可以了解到区域文化研究的最新动态和发展趋势,从而及时调整自己的研究方向和教学思路。

(三)组织教师赴实地考察

实地考察作为一种直观且深入的学习方式,是提升高职院校教师区域文化素养的有效途径。为了增强教师对区域文化的感知与理解,高职院校应精心组织并安排教师赴具有鲜明地域特色和代表性的地区进行实地考察活动。这些考察地点应涵盖历史文化遗址,它们承载着丰厚的历史底蕴,是教师探寻地方历史脉络、感受文化传承的重要场所;也应包括特色产业园区,这里是地方经济发展的缩影,教师能够通过实地考察,了解地方产业结构的特色与优势,以及经济发展的新动向;此外,民俗文化村落同样是不可或缺的考察点,它们保留了丰富的民俗风情和传统文化,是教师深入体验地方生活习俗、领略民间艺术魅力的宝贵资源。通过亲身踏入这些具有代表性的地区,教师们能够近距离地观察、触摸、感受区域文化的独特魅力。在实地考察过程中,教师们不仅可以直观地了解到区域文化的外在表现,如建筑风格、民俗活动、手工艺品等,更能深刻体会到其内在的精神内涵和价值观念。这种亲身体验和感受的方式,极大地丰富了教师的区域文化知识,增强了他们对区域文化的认同感和归属感,同时也激发了他们对区域文化发展潜力的探索和思考,为今后的教学和研究提供了丰富的素材和灵感。

二、强化区域文化教学实践

(一)将区域文化融入课程教学

高职院校在教育教学过程中,应充分认识到区域文化元素与专业课程教学的有机融合对于培养学生综合素质的重要性。为了实现这一目标,高职院校应积极探索将区域文化元素巧妙地融入专业课程教学的有效路径。在具体实施上，各院系应根据自身专业特点，有针对性地融入区域文化元素，使学生在掌握专业知识时也能深入了解并掌握区域文化的相关知识。以旅游管理专业为例，高职院校可以开设"地方旅游文化"这一特色课程，系统介绍当地的旅游资源、文化特色以及发展趋势。通过该课程的学习，学生不仅能够掌握旅游管理的基本理论和技能，还能深入了解地方旅游文化的独特魅力，为未来的职业生涯奠定坚实的基础。而在艺术设计专业中，高职院校则可以引导学生深入挖掘地方传统艺术元素，如民间工艺、传统图案、地域色彩等，并将其融入创意设计实践中。通过这样的教学方式，学生不仅能够锻炼自己的设计思维和创新能力，还能在实践中深刻体会到区域文化的独特价值和传承意义，从而增强对地方文化的认同感和自豪感。

（二）开展区域文化专题研究项目

高职院校在推动师资队伍建设与区域文化发展深度融合的过程中，应充分激发教师的科研热情与创新潜力，鼓励教师结合自身专业背景和研究兴趣，积极开展区域文化专题研究项目。这一举措旨在引导教师深入探索区域文化的丰富内涵与独特价值，通过系统性的学术研究和实践调研，挖掘出隐藏于区域文化深处的历史渊源、文化特色、社会结构以及发展脉络等深层次信息。在深入研究的过程中，教师不仅能够丰富自身的学术积累，拓宽学术视野，还能够为教育教学工作提供大量生动、鲜活的素材和案例。这些素材和案例能够使学生更加直观地了解区域文化的多样性和独特性，增强学生对区域文化的认同感和归属感，从而培养学生的文化素养和人文情怀。此外，教师的区域文化研究成果还具有重要的应用价值。通过将这些研究成果与地方经济社会发展的实际需求相结合，可以为地方政府的决策规划、文化旅游产业的开发、民俗文化的保护与传承等方面提供有力的智力支持和科学依据。

（三）实施校企合作教学模式

高职院校在培养高素质技能型人才的过程中，应充分认识到与地方企业建立紧密合作关系的重要性，尤其是在区域文化教学实践方面。通过构建校企合作的长效机制，高职院校与地方企业可以形成优势互补、资源共享的良好局面，共同推动区域文化教学的深入与创新。在校企合作的框架下，教师可以深入地方企业一线，亲身体验和了解地方产业的发展需求、运营模式以及文化特色。这种实地的考察与学习，使教师能够准确把握地方产业的脉搏，将实际工作经验和行业动态融入课堂教学之中，使教学内容更加贴近实际、贴近市场。校企合作还为学生提供了宝贵的实践平台。学生可以在企业的真实环境中，将所学的区域文化知识与专业技能相结合，进行实践操作和项目实训。这种教学方式不仅能够提高学生的实践能力和动手能力，还能够增强学生的就业竞争力和职业适应能力。

三、搭建区域文化交流平台

（一）举办区域文化论坛或研讨会

高职院校在提升师资队伍区域文化素养的进程中，应高度重视学术交流与思想碰撞的重要作用，为此，应定期举办区域文化论坛或研讨会，搭建一个开放、包容、多元的学术交流平台。这些论坛或研讨会应广泛邀请校内外在区域文化研究领域具有深厚造诣的专家学者、行业代表以及一线教师共同参与，形成跨领域、跨行业的学术交流网络。在论坛或研讨会上，教师们有机会分享自己在区域文化研究方面的最新成果，包括学术论文、调研报告、教学案例等，通过深入的阐述和分析，展示自己对区域文化的独特见解和深刻洞察。教师们也可以交流教学经验和实践体会，探讨如何将区域文化元素有效融入课堂教学，提高学生的学习兴趣和实践能力。此外，论坛或研讨会还为校内外专家学者、行业代表和教师提供了宝贵的交流讨论机会。在思想的碰撞和融合中，新的学术观点和研究思路得以涌现，为区域文化研究注入了新的活力和动力。

（二）建立区域文化资源共享机制

高职院校在深化区域文化素养教育的过程中，应积极寻求与地方政府、文化馆、图书馆等机构的深度合作，共同构建区域文化资源共享机制。这一机制的建立，旨在打破信息壁垒，促进资源互通，为教师提供更为丰富、全面的区域文化资料和信息，为教学和研究工作创造更为便利的条件。通过与地方政府的合作，高职院校可以获取政策层面的支持和指导，确保区域文化资源共享工作的顺利进行。文化馆作为地方文化传承与展示的重要场所，蕴藏着大量的文化资源和历史资料，与高职院校的合作将使得这些宝贵资源得以在教育领域发挥更大作用。图书馆作为知识信息的集散地,其丰富的藏书和数字资源将为教师的区域文化研究提供坚实的文献基础。资源共享机制的建立,不仅满足了教师教学和研究的需求,还促进了校地之间的文化交流与合作。高职院校可以与文化馆、图书馆等机构联合举办文化讲座、展览等活动,共同推动区域文化的普及和传播。

(三)促进师生参与地方文化活动

高职院校在培养具有区域文化素养的高素质人才过程中,应充分认识到参与地方文化活动的重要性,并积极鼓励师生广泛参与地方举办的各种文化活动,如文化节、艺术节、民俗庆典等。这些文化活动作为区域文化的重要载体和表现形式,蕴含着丰富的文化内涵和独特的文化魅力,为师生提供了亲身体验和感知区域文化的宝贵机会。通过参与这些活动,师生可以近距离地接触和了解区域文化的多样性和独特性,深刻感受到区域文化的深厚底蕴和无穷魅力。这种亲身体验不仅增强了师生对区域文化的认同感和归属感,还激发了他们对区域文化的热爱和传承意识。参与地方文化活动也为师生提供了将所学知识和技能应用于实践中的平台。在活动中,师生可以运用所学的专业知识,如文化艺术理论、民俗学研究方法等,对活动进行深入的观察和分析,提高自己的实践能力和创新能力。

四、完善区域文化素养评价体系

(一)制定区域文化素养评价标准

高职院校在提升教师队伍区域文化素养的过程中,应充分认识到制定科学合理评价标准的重要性。为此,高职院校需结合自身发展实际与区域文化特色,精心构建一套全面、系统、可操作的区域文化素养评价标准。该评价标准应明确评价的内容、方法和具体指标,确保评价的客观性和公正性。在评价内容上,标准应既涵盖教师对区域文化知识的掌握程度,包括区域文化的历史渊源、特色内涵、发展脉络等方面,又关注教师在实践中的应用能力,即教师如何将区域文化元素融入课堂教学、社会实践和科研项目中。评价标准还应重视教师的创新思维,鼓励教师在区域文化研究和教学实践中勇于探索、敢于创新。在评价方法和指标上,标准应采用多元化、综合性的评价方式,结合定量与定性分析,既考虑教师的教学成果和科研成果,又关注教师的教学过程和学生的反馈评价。这样科学合理的评价标准,可以引导教师更加重视区域文化素养的提升,激励教师在教学和科研中不断深入挖掘区域文化资源,创新教学方法和研究思路。

(二)将区域文化素养纳入教师考核体系

高职院校在构建教师评价体系时,应将区域文化素养作为一项重要指标纳入其中,使其成为评价教师教学质量和学术水平不可或缺的一部分。这一举措旨在强调区域文化素养对于教师专业发展的重要性,以及其在教育教学和学术研究中的独特价值。将区域文化素养纳入教师考核体系,意味着教师在日常教学和科研工作中,需要充分展现对区域文化的深入理解和独到见解。在学术研究中,教师也应积极关注区域文化议题,开展深入研究,产出具有地域特色和学术价值的成果。通过考核激励机制的建立,高职院校可以激发教师提升区域文化素养的积极性和主动性。教师在追求教学质量和学术水平提升的过程中,会更加注重区域文化素养的积累和运用,从而形成良性循环,推动教师队伍的整体建设和发展。

(三)建立区域文化素养提升奖励机制

高职院校在推动教师队伍区域文化素养提升的过程中,应建立并完善一套科学合理的奖励机制,以充分肯定和激励在区域文化研究、教学和实践方面取得突出成绩的教师。这一奖励机制的设立,旨在树立典型示范,激发广大教师的荣誉感和使命感,进一步推动区域文化素养提升工作的深入开展和全面普及。具体而言,奖励机制应明确奖励的对象、条件、标准和程序,确保奖励的公正性、公平性和公开性。对于在区域文化研究方面取得重要学术成果、在教学过程中有效融入区域文化元素、在社会实践中积极推广区域文化的教师,应给予相应的表彰和奖励。这些奖励可以包括荣誉称号、奖金、职称晋升、科研项目资助等多种形式,以充分体现学校对教师在区域文化素养提升方面所做贡献的认可和重视。奖励机制的实施,不仅可以激发教师积极参与区域文化素养提升工作的热情和动力,还可以引导教师将个人发展与学校发展、地方发展紧密结合,形成共同推动区域文化传承与创新的良好氛围。

第二节　区域文化专家参与教学科研的机制

一、机制构建的具体内容

(一)建立专家聘请制度

1. 聘请条件

聘请区域文化专家,首要的是明确其应具备的学术水平和实践经验。这是确保教学质量和科研成果的基础,也是提升高职院校学术声誉和影响力的关键。具体而言,聘请的专家应具备高级职称或相当水平的学术成就。高级职称是学术界对专家学术水平的一种认可,它代表着专家在某一领域具有深厚的学术功底和独到的学术见解。对于区域文化专家而言,高级职称不仅意味着他们在区域文化研究方面有着深厚的理论基础,还意味着他们能够将这些理论运用到实践中,解决实际问题。因此,高职院校在聘请区域文化专家时,应首先考虑其是否具备高级职称或相当水平的学术成就。

除了学术成就,专家在区域文化领域的显著研究成果或实践经验也是聘请的重要条件。研究成果是专家学术水平的直接体现,它反映了专家在区域文化研究方面的深度和广度。实践经验则是专家将理论知识运用到实际工作中的能力体现,它说明了专家不仅懂得理论,还能够将这些理论转化为实际的操作和方法。因此,高职院校在聘请区域文化专家时,应特别关注其在区域文化领域的研究成果和实践经验,确保聘请的专家既懂理论又懂实践,能够真正为教学科研工作带来实质性的贡献。为了确保聘请条件的严谨性和公正性,高职院校可以设立专门的学术评审委员会或邀请相关领域的专家进行评审。评审过程中,应充分考虑专家的学术背景、研究成果、实践经验以及教学潜力等多方面因素,确保聘请的专家既符合学术要求,又能够满足教学科研工作的实际需要。

2. 聘请程序

聘请区域文化专家,除了要明确聘请条件外,还需要规范聘请程序,确保聘请过程的公正透明。这不仅是对专家的尊重,也是对高职院校自身声誉的维护。聘请程序应由高职院校相关部门提出聘请申请开始。相关部门应根据教学科研工作的实际需要，明确聘请专家的专业方向和具体要求，并向学校提交聘请申请。申请中应详细说明聘请专家的理由、预期目标以及计划安排等内容，以便学校对聘请申请进行全面审查和评估。聘请申请提交后，应由学术委员会或相关专家进行评审。学术委员会或相关专家应根据聘请条件对申请进行认真审查，评估聘请专家的学术水平、实践经验以及教学潜力等方面是否符合要求。

评审过程中，应充分听取各方意见，确保评审结果的公正性和准确性。评审通过后，由校方正式聘请专家。聘请过程中，应与专家签订正式的聘请合同，明确双方的权利和义务。合同中应详细规定专家的工作职责、薪酬待遇、科研成果归属以及合同期限等内容，确保聘请工作的规范性和合法性。通过规范聘请程序，可以确保聘请过程的公正透明，避免人情聘请和关系聘请等不良现象的发生。

3. 待遇保障

聘请区域文化专家，除了要明确聘请条件和规范聘请程序外，还需要提供全面的待遇保障，确保专家能够全身心投入教学科研工作。这是吸引和留住优秀专家的关键，也是提升高职院校教学科研水平的重要保障。待遇保障应包括合理的薪酬、舒适的住房以及充足的科研经费等方面。薪酬是专家劳动价值的直接体现，也是吸引和留住优秀专家的重要手段。高职院校应根据专家的学术水平、实践经验以及教学科研成果等方面因素，制定合理的薪酬标准，确保专家的劳动报酬与其付出相匹配。住房是专家生活的基本需求之一，也是影响其工作稳定性和满意度的重要因素。高职院校应为聘请的专家提供舒适的住房条件，确保其能够安心工作、舒心生活。

高职院校应为聘请的专家提供充足的科研经费支持，确保其能够顺利开展科研项目、取得科研成果；还应建立健全的科研经费管理制度，明确科研经费的使用范围和审批程序，加强对科研经费的审计和监督，确保科研经费的合理使用和有效使用。除了上述方面的待遇保障外，高职院校还可以考虑为聘请的专家提供其他方面的支持和帮助。例如，可以为其提供必要的教学科研设施和设备，协助其申报科研项目和成果奖励，为其提供学术交流和合作的机会等。

（二）设立专家工作室或研究中心

1. 工作室设施

工作室作为区域文化专家进行教学和科研活动的主要场所，其设施的完备性直接影响到专家工作的效率和成果的质量。因此，高职院校在构建区域文化专家工作室时，应充分考虑专家教学和科研的基本需求，配备必要的办公设备、图书资料和实验设备。工作室应配备高性能的电脑、打印机、复印机等办公设备，以及舒适的办公桌椅和充足的储物空间，确保专家能够高效地进行教学准备、资料管理和科研成果的撰写。此外，还应提供稳定的网络连接和先进的通信设备，方便专家与外界进行学术交流和合作。工作室应建立专门的图书资料库，收藏与区域文化相关的书籍、期刊、论文等文献资料。这些资料应涵盖区域文化的历史、现状、发展趋势等多个方面，为专家提供全面、系统的研究资料。还应定期更新图书资料，确保专家能够获取最新的研究成果和学术动态。对于涉及实地考察、文物鉴定、文化遗产保护等领域的区域文化研究，工作室应配备相应的实验设备，如考古工具、检测设备、分析仪器等。这些设备应能够满足专家进行实地调研和实验分析的需求，为科研活动提供有力的技术支持。

2. 研究中心功能

研究中心作为区域文化专家进行深度研究和成果转化的重要平台，其功能的设定应全面多元，涵盖区域文化的各个方面。具体来说，研究中心应承担区域文化项目的研发、区域文化资源的挖掘与整理、区域文化成果的推广与应用等职能。研究中心应根据地方文化的特色和需求，确定研究方向和课题，组织专家进行深度研究和探索。通过项目的研发，可以推动区域文化的理论创新和实践应用，为地方经济社会发展提供有力的智力支持。研究中心应组织专家对地方的文化资源进行深入的调查和挖掘，收集、整理相关的历史文献、民间传说、传统技艺等文化资源。通过资源的挖掘与整理，可以保护和传承地方的文化遗产，为区域文化的研究和发展提供丰富的素材和依据。研究中心应将专家的研究成果和学术观点进行整理和提炼，形成具有创新性和实用性的文化产品和文化服务。通过成果的推广与应用，可以将区域文化的研究成果转化为实际的生产力和社会效益，推动地方文化的繁荣和发展。

3. 开放共享

工作室或研究中心作为区域文化研究的重要基地，应向师生开放，鼓励师生参与区域文化的研究和实践。通过开放共享的机制，可以促进学术交流和成果共享，激发师生的学术热情和创新活力。工作室或研究中心应定期举办学术讲座、研讨会和学术交流活动，邀请专家学者进行学术报告和成果展示。这些活动可以为师生提供与专家面对面交流的机会，拓宽学术视野，增进对区域文化的了解和认识；还可以鼓励师生积极参与学术讨论和提问，激发学术思维和创新能力。工作室或研究中心还可以设立开放课题和项目，鼓励师生申报和参与。通过参与课题和项目的研究，师生可以深入了解区域文化的内涵和特点，掌握研究方法和技能，提升自己的科研能力和实践经验；还可以促进师生之间的合作与交流，形成良好的学术氛围和团队精神。此外，工作室或研究中心还可以建立成果共享平台，将专家的研究成果和学术资源进行整理和发布。通过成果共享平台，师生可以方便地获取最新的研究成果和学术动态，了解区域文化的研究前沿和发展趋势。

（三）融入教学体系

1. 课程设置

课程设置是高等教育体系中的核心环节，它直接关系到人才培养的质量和效果。在课程设置过程中，引入区域文化专家的参与，能够将地方文化的独特元素和丰富内涵融入专业课程之中，从而增强课程的地域特色和实用性。区域文化专家对地方文化有着深入的了解和研究，他们熟知地方文化的历史渊源、发展脉络、独特价值和现实意义。因此，在专业课程设置中，专家可以根据地方文化的特点，结合专业课程的教学目标和要求，巧妙地融入区域文化元素。例如，在历史学专业课程中，可以增加地方历史沿革、文化遗产保护等内容；在旅游管理专业课程中，可以融入地方旅游资源开发、民俗文化旅游规划等章节。

区域文化是与地方经济社会发展紧密相连的，它蕴含着丰富的经济价值和社会价值。通过课程设置，学生可以了解地方文化的实际应用前景，学习如何将区域文化转化为经济资源和社会资本。这不仅能够激发学生的学习兴趣和动力，还能够培养学生的创新思维和实践能力。为了确保课程设置的科学性和合理性，高校应该建立由区域文化专家、专业教师和教学管理人员组成的课程设置委员会。委员会应该定期对课程设置进行评估和调整，根据地方文化的发展变化和专业教学的实际需求，不断优化课程设置方案。

2. 教学计划

教学计划是实施课程教学的具体方案，它规定了课程的教学目标、教学内容、教学方法和教学进度等。在制订和实施教学计划的过程中，引入区域文化专家的参与，能够确保教学内容的前沿性和实践性。区域文化专家可以及时将最新的研究成果和学术观点融入教学计划中，确保教学内容的前沿性。例如，在文学专业课程中，专家可以引入地方文学创作的最新成果和流派；在艺术专业课程中，可以介绍地方艺术创作的最新趋势和风格。这样的教学内容不仅能够拓宽学生的学术视野，还能够激发学生的创新思维和学术热情。区域文化专家可以将自己在地方文化研究和实践中的经验和教训融入教学计划中，通过案例分析、实地考察等方式，增强学生的实践能力和解决问题的能力。这样的教学方式不仅能够使学生更好地理解和掌握理论知识，还能够培养学生的实践意识和实践技能。为了确保教学计划的顺利实施，高校应该建立由区域文化专家、专业教师和教学管理人员组成的教学计划制订和实施小组。小组应该定期对教学计划进行评估和调整，根据地方文化的发展变化和专业教学的实际需求，不断优化教学计划方案。

3. 教材编写

教材是实施课程教学的重要载体，它是学生学习和获取知识的主要途径。在教材编写过程中，鼓励区域文化专家参与编写区域文化相关教材或教学参考书，能够为师生提供丰富的学习资源。区域文化专家可以将自己的研究成果和学术观点融入教材编写中，为师生提供具有权威性和前瞻性的学习材料。这样的教材不仅能够满足学生学习的需求，还能够激发教师的学术热情和教学创新。教学参考书可以为学生提供拓展阅读和深入学习的资料，帮助他们更好地理解和掌握课程内容。专家可以根据自己的研究专长和学术兴趣，编写与区域文化相关的专题论文集、案例集或资料汇编等教学参考书。这些参考书不仅可以丰富学生的学习资源，还可以促进师生之间的学术交流和思想碰撞。为了确保教材编写的质量和效果，高校应该建立由区域文化专家、专业教师和教材编写专家组成的教材编写委员会。委员会应该对教材编写工作进行指导和监督，确保教材的内容准确、结构合理、语言规范。

（四）合作开展科研项目

1. 课题申报

课题申报是科研工作的起点，也是科研项目得以立项和实施的关键环节。高职院校应充分认识到专家与教师各自在学术领域内的独特优势和专长，鼓励双方联合申报科研课题，共同探索学术前沿，解决实际问题。专家作为学术领域的资深研究者，通常具备深厚的学术功底、广阔的学术视野和丰富的科研经验。他们在特定领域内有着深入的研究和独到的见解，能够准确把握学术发展的脉搏，提出具有前瞻性和创新性的研究课题。而教师则更贴近教学一线，对学生的学习需求和实践能力的培养有着直观的认识和深刻的体会。他们能够将教学实践中的问题和挑战转化为科研课题，使科研活动更加接地气、有实效。因此，高职院校应建立开放的课题申报机制，鼓励专家与教师跨学科、跨领域合作，共同申报各级各类科研项目。在课题申报过程中，双方应充分沟通、协商，明确研究目标、内容和方法，确保课题的科学性和可行性。

2. 科研合作

科研合作是科研工作深入进行的重要保障，也是专家与教师相互学习、共同进步的有效途径。在课题立项后，专家与教师应共同开展科研项目的研究工作，分享研究成果和经验，形成科研合力。在科研合作过程中，专家应发挥其学术引领和指导作用，为教师提供学术指导和方法论支持。他们可以帮助教师厘清研究思路、明确研究方向、掌握研究方法，提升教师的科研能力和学术水平。教师也应积极参与科研活动，发挥自己的实践优势和创新能力，为科研项目提供实证数据和案例支持。他们可以将教学实践中的经验和问题带入科研项目中，使研究更加贴近实际、更具应用价值。为了促进科研合作的顺利进行，高职院校应建立健全的科研合作机制。这包括定期召开科研交流会、组织学术研讨会、搭建科研合作平台等。通过这些措施，可以加强专家与教师之间的沟通与联系，促进学术交流和思想碰撞，激发科研创新活力。

3. 成果转化

科研成果的转化和应用是科研工作的最终目的，也是高职院校服务地方经济社会发展的重要途径。高职院校应积极推动科研成果的转化和应用，将专家与教师的科技成果转化为实际的生产力和社会效益。在成果转化过程中,高职院校应加强与地方政府、企业和社会各界的合作与联系。通过产学研用紧密结合的方式,将科研成果转化为实际的产品、技术或服务,推动地方产业的升级和转型。高职院校还应建立完善的成果转化机制,包括成果评估、知识产权保护、利益分配等方面的制度和规范。这些机制可以保障科研成果的合法权益,激发科研人员的积极性和创造性。此外,高职院校还应注重科研成果的推广和宣传。通过举办科技成果展览会、科技下乡活动等方式,将科研成果展示给社会各界人士,提高他们对科研成果的认知度和接受度。

(五)建立学术交流机制

1. 学术交流会

学术交流会是学术界进行知识传播、思想碰撞和成果展示的重要平台。在区域文化研究领域,定期举办学术交流会,邀请国内外知名专家做学术报告或专题讲座,对于推动学术进步、拓宽研究视野具有重要意义。学术交流会的组织应注重前瞻性和针对性。在会议主题的选择上,应紧密结合区域文化研究的最新动态和热点话题,确保会议内容的时效性和吸引力。邀请的专家应具有深厚的学术功底和丰富的实践经验,能够在报告中分享其最新的研究成果和学术观点,为与会者提供宝贵的学术资源。在学术交流会的形式上,可以采用线上与线下相结合的方式,以扩大会议的参与范围和影响力。线上交流可以突破地域限制,让更多无法亲临现场的学者参与到讨论中来;线下交流则可以提供更加直接、深入的互动机会,促进学者之间的面对面交流和合作。此外,学术交流会还应注重成果的转化和应用。会议结束后,可以将会议论文或报告整理成集,出版发行,为更多学者提供研究参考。

2. 研讨会

在区域文化研究中,针对热点问题或难点问题组织专题研讨会,可以汇聚各方智慧,共同寻找解决方案。热点问题通常涉及区域文化的传承与创新、保护与利用等方面的矛盾和冲突,需要学者们从理论和实践两个层面进行深入探讨。难点问题则可能涉及区域文化的深层次内涵和机制,需要学者们运用跨学科的研究方法和视角进行剖析。除了邀请相关领域的专家学者外,还可以邀请政府官员、文化工作者、社区居民等利益相关者参与讨论,以确保研讨成果的全面性和实用性。研讨会还应采用开放式的讨论方式,鼓励与会者积极发言、提出观点,形成热烈的学术氛围。研讨会的成果应及时整理和总结,形成研究报告或政策建议,提交给相关部门或机构,为区域文化的保护和发展提供科学依据。

3. 国际合作

在全球化背景下,区域文化的研究不能局限于国内范围,而应加强与国际相关机构的合作与交流。通过引进国外先进的区域文化研究理念和方法,可以拓宽我们的研究视野,提升我们的研究水平。明确合作的目标和领域,选择与我国在区域文化研究方面具有共同兴趣和优势的国外机构进行合作。应建立稳定的合作关系和机制,确保合作的长期性和可持续性。这可以通过签订合作协议、设立联合研究项目、共同举办学术会议等方式实现。除了进行常规的学术访问和人员交流外,还可以共同开展跨学科的研究项目,探索区域文化研究的新的理论和方法。还可以加强与国际学术组织的联系和合作,参与国际学术会议和论坛,提升我国在区域文化研究领域的国际影响力。双方应共同享有研究成果的知识产权,并推动成果在国际范围内的传播和应用。

二、机制实施的保障措施

(一)加强组织领导

高职院校在推动区域文化专家参与教学科研工作的过程中,首先必须加强组织领导,确保各项工作的有序进行。为此,学校应成立由校领导牵头的区域文化专家参与教学科研工作领导小组。这个领导小组的成员应涵盖学校相关部门的主要负责人,以及区域文化领域的资深专家。领导小组的成立,旨在形成一个高效协同的工作机制,负责整个机制的构建和实施工作。领导小组的主要职责包括制订区域文化专家参与教学科研工作的总体规划和年度计划;协调各部门之间的工作,确保各项任务的顺利完成;研究解决机制实施过程中出现的问题和困难;对区域文化专家的工作进行监督和评估,确保其教学质量和科研成果达到预定目标。为了确保领导小组工作的有效性,应定期召开会议。会议可以按月、按季度或按年度召开,根据工作的实际需要来确定。会议的内容应围绕区域文化专家参与教学科研工作的进展情况、存在的问题和解决方案等展开。通过会议,领导小组成员可以充分交流意见,形成共识,为下一步工作提供指导和支持。此外,领导小组还应建立有效的沟通机制。沟通机制可以包括定期的工作汇报、不定期的专题研讨、在线交流平台等。通过这些沟通方式,领导小组成员可以及时了解工作进展,发现问题,提出建议,确保整个工作的顺利进行。

(二)加大经费投入

没有充足的经费支持,就无法聘请到高水平的区域文化专家,无法建设完善的工作室或研究中心,也无法开展深入的科研项目。因此,高职院校应加大对区域文化专家参与教学科研工作的经费投入。

经费投入应主要用于以下几个方面:一是专家的聘请费用。包括专家的薪酬、住房补贴、交通补贴等。为了吸引高水平的区域文化专家,学校应提供具有竞争力的薪酬待遇和优良的工作生活条件。二是工作室或研究中心的建设费用。包括场地租赁、装修装饰、设备购置等。为了给专家提供良好的工作环境和科研条件,学校应投入必要的建设资金。三是科研项目的开展费用。包括科研材料的购置、实验设备的租赁、科研人员的劳务费等。为了确保科研项目的顺利进行,学校应提供充足的科研经费支持。加大经费投入的高职院校还应加强对经费使用的管理和监督。应建立健全的经费管理制度,明确经费的使用范围和审批程序。应加强对经费使用的审计和监督,确保经费的合理使用和有效使用。通过加强经费管理,可以提高经费的使用效率,为区域文化专家参与教学科研工作提供有力的经费保障。

(三)完善配套政策

除了加强组织领导和加大经费投入外,高职院校还应完善相关配套政策,为区域文化专家参与教学科研工作提供政策支持和保障。这些配套政策应涵盖职称评审、科研成果奖励、教学成果评价等多个方面。在职称评审方面,高职院校应制定针对区域文化专家的职称评审标准。通过制定合理的职称评审标准,可以激发区域文化专家的工作积极性和创造性,促进其在教学和科研方面的全面发展。在科研成果奖励方面,高职院校应设立专门的科研成果奖励基金。对于在区域文化研究方面取得突出成果的专家,应给予相应的物质奖励和精神奖励。通过设立科研成果奖励基金,可以鼓励区域文化专家积极开展科研工作,推动区域文化研究的深入发展。在教学成果评价方面,高职院校应建立科学的教学成果评价体系。通过建立科学的教学成果评价体系,可以客观公正地评价区域文化专家的教学成果,为其提供相应的荣誉和奖励。

第三节　师资队伍在区域文化传承中的责任

一、文化传承与创新的引领者

高职院校师资队伍在区域文化传承中,首先应承担起引领者的核心角色。这一角色要求师资队伍不仅具备深厚的文化底蕴,还需拥有敏锐的文化洞察力,能够像考古学家一样,深入挖掘区域文化的深层精髓,揭示其独特魅力和历史积淀。他们需深刻理解区域文化的内在逻辑和外在表现,将其精髓部分巧妙地融入日常的教育教学之中,使文化传承成为教育教学的有机组成部分。为实现这一目标,师资队伍应积极开设具有鲜明地方特色的文化课程,这些课程不仅要传授区域文化的基本知识,更要引导学生深入探讨其历史渊源、文化内涵和当代价值。组织文化讲座和研讨会也是不可或缺的方式,通过邀请专家学者、非物质文化遗产代表性传承人等进行交流分享,为学生搭建起一个多元、开放的文化交流平台。在此基础上,师资队伍还应勇于创新,积极探索文化传承的新方式和新方法。他们应充分利用现代技术手段,如数字化、网络化等,将区域文化以更加生动、直观的形式呈现给学生,打破时间和空间的限制,扩大文化传承的覆盖面和影响力。

二、新教育资源的整合者与开发者

高职院校师资队伍在区域文化传承中,扮演着至关重要的教育资源整合者与开发者角色。这一角色要求他们不仅具备扎实的专业知识,还需拥有跨学科的知识结构和综合运用的能力,能够像桥梁一样,将丰富的区域文化资源与教育教学资源紧密地连接在一起,进行深度的融合与整合。他们需深入挖掘当地独特的历史遗迹、民俗博物馆、传统手工艺等文化资源,充分理解其背后的文化意蕴和教育价值,进而开发出具有鲜明地方特色的课程体系和教学内容。在实践中,师资队伍应巧妙设计一系列实践教学活动,如实地考察、文化体验、项目式学习等,让学生走出课堂,亲身体验区域文化的魅力,增强对本土文化的认同感和自豪感。这些活动不仅丰富了学生的学习方式,也提升了他们的实践能力和文化素养。师资队伍还应积极拓展合作渠道,积极与地方政府、企业、社区等多元主体建立紧密的合作关系,共同开发区域文化教育资源。通过政校企合作,可以汇聚各方力量,整合优质资源,为文化传承提供更加坚实有力的支持。这种合作模式不仅促进了文化教育的创新发展,也推动了区域文化的传承与弘扬,为地方经济社会的全面发展注入了新的活力。

三、文化育人的实践者

高职院校师资队伍在区域文化传承的广阔舞台上,更是文化育人的深度实践者。他们深刻理解文化传承与育人工作的内在联系,将二者紧密融合,通过丰富多样的课堂教学形式和实践指导环节,将区域文化的精髓与价值内涵深入浅出地传授给学生。在传授专业知识的过程中,他们不仅注重知识的系统性与逻辑性,更强调知识的文化根基与人文情怀,力求使学生在掌握专业技能的同时也能涵养深厚的文化素养,形成全面发展的综合能力。师资队伍深知,文化传承不仅仅是知识的传递,还是精神的熏陶与价值的引领。因此,他们积极创设各种文化传承活动,如非物质文化遗产的保护项目、地方特色文化的调研实践等,鼓励学生亲身参与,亲身体验。在这些活动中,学生不仅能够深入了解区域文化的独特魅力,还能在实践中锻炼自己的组织能力、协作能力和创新能力,增长见识,拓宽视野。通过这样的实践锻炼,学生不仅成为文化传承的见证者,还成为积极参与者和有力推动者。

四、文化交流的推动者

高职院校师资队伍在区域文化传承的宏伟蓝图中,需具备宽广的国际视野和卓越的跨文化交流能力,以开放包容的心态,积极促进国内外文化的深度交流与广泛合作。为此,师资队伍应充分利用自身学术影响力和资源优势,通过精心策划与组织国际学术会议、学术论坛等高端交流平台,邀请国内外专家学者共襄盛举,共同探讨区域文化的独特魅力与全球价值,为区域文化走向世界铺设坚实的桥梁。师资队伍还应积极拓展学生交换项目、海外研修计划等多元交流渠道,为学生搭建起跨越国界的文化交流桥梁。通过这些实践活动,学生不仅能够亲身体验不同文化的碰撞与融合,还能在交流中传播区域文化的独特风采,增进国际友人对区域文化的了解与认同。此外,师资队伍还应保持敏锐的学术洞察力,积极学习借鉴国外先进的职业教育理念与教学方法,将其与区域文化传承的实际需求相结合,推动区域文化的创新发展。

五、文化自信的培育者

文化自信是民族精神的内在支撑，是文化传承与发展的不竭动力。因此，他们通过精心设计的教育教学活动，引导学生树立正确的文化观和价值观，使学生在深入了解区域文化的基础上，逐渐形成对本土文化的深刻认同与坚定自信，进而萌发出对文化的自豪感与归属感。在传授区域文化知识的过程中，师资队伍不仅注重知识的准确性与系统性，更强调培养学生的批判性思维和创新能力。他们鼓励学生以批判性的眼光审视传统文化，勇于质疑，敢于挑战，同时在传承的基础上寻求创新，将传统元素与现代理念相融合，探索文化传承的新路径与新模式。通过文化自信的培育，师资队伍成功激发了学生对文化传承的热情与责任感，引导学生成为文化传承的积极践行者和传播者。他们鼓励学生走出校园，走进社区，将所学所悟带入社会实践，用实际行动诠释和传承区域文化，为区域文化的繁荣发展贡献自己的青春智慧与力量。

六、具体责任与实践路径

（一）深化课程改革与建设

在高等职业教育领域，将区域文化有机地结合到人才培养方案和课程标准中，已成为提升教育质量、培养学生综合素养的重要策略。这一举措旨在通过深化“三教”改革——即教师素质的提升、教材内容的革新以及教学方法的优化，来推动课堂教学的创新与革命。为实现这一目标，高职院校需精心开设富有地方特色的文化课程，这类课程不仅能增强学生的文化认同感，还能促进他们对本土文化的深入理解。编写融入地方文化元素的教材也是关键一环，它能让学生在学习的过程中更加贴近实际，感受地域文化的独特魅力。教学方法和手段的多样化同样至关重要，通过创新教学模式，如情境教学、案例教学等，可以有效提高学生的学习兴趣，使区域文化的精髓真正渗透到教育教学中。此外，加强思政课程和课程思政的建设也是不可或缺的一环。将社会主义核心价值观贯穿于人才培养的始终，不仅有助于学生形成正确的文化观念和价值观，还能培养他们的社会责任感和使命感。通过这样的教育教学改革，高职院校能够更全面地培养学生的综合素质，使他们在掌握专业技能的同时也具备深厚的文化素养和坚定的思想道德基础，从而更好地服务于社会，成为推动地方文化发展和传承的重要力量。

(二)搭建文化传承平台

高职院校在推动区域文化的发展中,应以校企合作为核心策略,充分利用并整合政府、学校、行业、企业等多方资源,构建一个集展示、传承与创新于一体的区域文化综合平台。此举不仅有助于提升区域文化的软实力,还能够为高职学生提供丰富的实践机会,促进他们的全面发展。例如,通过建立大师工作室,学校能够引入行业内的领军人物,使学生在与大师的近距离交流中,深刻领悟行业精髓,提升专业技能,同时也为区域文化的传承注入新的活力。学生社团则是校园文化的重要组成部分,通过组织各类文化活动,不仅能够锻炼学生的组织协调能力,还能在潜移默化中加深他们对区域文化的理解和认同。此外,创新创业项目的开展,更是为学生提供了一个将理论知识转化为实践成果的平台,使他们在创新的过程中,不断挖掘区域文化的深层价值,推动文化的创造性转化和创新性发展。高职院校还需积极与地方政府、企业、社区等建立紧密的合作关系,共同开发具有地方特色的文化教育资源。通过举办文化节庆活动、展览展示等形式,不仅能够丰富群众的文化生活,还能够有效扩大文化传承的覆盖面和影响力,使区域文化在更广阔的领域中得以传承和发展。这种政校行企多方协同的模式,将为区域文化的繁荣与发展注入强大的动力,同时也为高职院校的人才培养和文化传承功能赋予了新的时代内涵。

(三)推动产学研深度融合

高职院校在区域文化传承的进程中,应当充分发挥其独特的优势,积极推动产学研的深度融合,从而为区域文化的绵延与创新提供坚实的支撑。通过与地方企业、科研机构等多元主体的紧密合作,高职院校能够集众智、聚众力,共同开展深入的区域文化探索与研究。这种合作模式不仅有助于挖掘区域文化的深层内涵和价值,更能推动文化的创造性转化和创新性发展。

高职院校还需充分利用其丰富的科研成果和技术积淀,为区域文化的传承与发展提供有力的技术支持和智力保障。这意味着,学校应鼓励教师与科研人员将先进的科技手段和方法应用于区域文化的研究与传播中,从而提升文化传承的效率和质量。此外,高职院校还需注重将科研成果及时转化为生动、实用的教学资源和内容。这一过程不仅能够丰富课堂教学的内涵,提升教育的针对性和实效性，还能够激发学生的学习兴趣，培养他们对区域文化的深厚情感和专业素养。通过这样的产学研一体化路径，高职院校不仅能够为区域文化的传承注入新的活力，还能够为地方经济社会的全面发展贡献智慧和力量，实现教育与文化、经济的良性互动和共赢发展。

第四节　师资队伍建设成效的评估与反馈

一、师资结构优化成效评估与反馈

（一）总体规模与结构

近年来，高职院校通过积极实施人才引进与培养计划，师资队伍建设取得了显著成效。这一系列举措不仅有效增加了师资总量，还显著提高了专任教师的占比，从而极大地缓解了长期存在的师资紧缺问题。师资的充实为高职院校提供了更为坚实的教学基础，使得学校能够开设更多专业课程，满足学生日益增长的多元化学习需求。在人才引进与培养的过程中，高职院校教师的年龄结构和学历结构也得到了明显优化。中青年教师群体迅速崛起，成为教学科研的主力军。他们充满活力，勇于创新，为高职院校的教学改革和学术研究注入了新的活力。具有硕士以上学位的教师占比大幅提升，这不仅提升了教师队伍的整体素质，也增强了高职院校的学术竞争力和社会影响力。然而，在肯定成绩的同时部分高职院校仍存在专任教师总量不足、生师比偏高的问题。这一问题不仅影响了学校的教学质量和教学效果，也制约了学校的长远发展。因此，未来高职院校应继续将人才引进作为师资队伍建设的重要抓手，加大引进力度，拓宽引进渠道，吸引更多优秀人才加盟。高职院校还应注重优化师资结构，合理配置教师资源。在增加专任教师数量的同时也要关注教师的专业背景、年龄结构、学历层次等方面的多样性，以形成更加合理、高效的教师队伍。此外，还应加强对现有教师的培训和发展，提升他们的专业素养和教学能力，确保教学质量稳步提升。

（二）“双师型”教师比例

随着产教融合、校企合作模式的深入推进，高职院校“双师型”教师队伍的建设取得了显著进展，其比例逐步提高，成为高职教育发展中的一道亮丽风景线。“双师型”教师，这一独特群体，不仅具备深厚的理论功底，掌握学科前沿知识，还拥有丰富的实践经验，能够将行业最新动态和技术融入课堂教学，实现理论与实践的深度融合，为培养既懂理论又善实践的高素质技术技能型人才提供了坚实的人才支撑和有力保障。然而，在“双师型”教师培养的过程中，仍面临着诸多挑战与困境。校企合作作为“双师型”教师培养的重要途径，其进展速度并未完全满足高职教育发展的需求。一方面，由于企业参与教育的积极性不高，校企合作项目往往难以持续深入，教师难以获得长期、稳定的实践机会；另一方面，现有校企合作模式在深度、广度上仍有待拓展，教师到企业实践的机会相对有限，难以充分满足其提升实践能力的需求。鉴于此，未来高职院校应进一步加强与企业的合作，积极探索校企合作的新模式、新路径，构建更加紧密、高效的合作机制。一方面，高职院校应主动出击，积极寻求与企业的合作机会，通过共同研发项目、共建实训基地等方式，为教师提供更多、更深入的实践平台；另一方面，应完善“双师型”教师培养机制，明确培养目标、培养路径和考核标准，确保教师实践能力的提升有章可循、有据可依。

二、教师素质提升成效评估与反馈

（一）教学能力

通过岗前培训、校本培训以及教学竞赛等多重途径的有机结合，高职院校教师的教学能力实现了显著提升。这一系列培训活动不仅向教师们传授了先进的教学理念，还引导他们掌握了多样化的教学方法，使得教师们在教学实践中能够游刃有余地运用这些理念和方法。他们不再局限于传统的填鸭式教学，而是注重激发学生的主体意识，通过启发式、讨论式、项目式等多种教学方式，有效激发了学生的学习兴趣和积极性，使得课堂氛围更加活跃，学生的学习效果也得到了显著提升。然而，在肯定教学能力提升成果的同时我们也应清醒地认识到，部分教师在教学方法的创新和教学效果的评估方面仍存在诸多不足。一方面，部分教师虽然掌握了先进的教学理念和方法，但在实际教学中仍缺乏足够的创新精神和实践勇气，难以将新理念、新方法有效地融入课堂教学，导致教学方法单一、缺乏新意；另一方面，在教学效果的评估上，部分教师仍过于依赖传统的考试评价方式，忽视了对学生的学习过程、学习态度、实践能力等方面的全面评估,导致评估结果难以全面、客观地反映学生的实际学习水平。因此,未来高职院校应继续加强教学培训,不仅要注重提升教师的教学技能和理论素养,更要鼓励教师勇于探索新的教学模式和方法,敢于在实践中创新,不断丰富和完善教学手段。

(二)科研能力

高职院校教师的科研能力在近年来呈现出逐步增强的趋势,他们积极响应学术研究的号召,积极参与各级各类科研项目,以饱满的热情和严谨的态度投身于科研实践之中。通过不懈努力,教师们发表了一系列高水平学术论文,取得了一系列具有学术价值和实践意义的科研成果。这些成果不仅彰显了高职院校教师的学术水平和研究实力,提升了学校的学术声誉和影响力,还为教学工作提供了有力的理论支撑和实践指导,促进了教学质量和效果的全面提升。然而,在科研能力逐步增强的同时我们也应正视部分教师在科研过程中存在的困惑和挑战。尤其是在科研选题和研究方法方面,一些教师可能由于缺乏经验和指导,难以准确把握研究方向和重点,所以科研工作的针对性和实效性不足。此外,科研条件和资源的限制也可能在一定程度上影响了教师的科研积极性和创新性。因此,未来高职院校应加强对教师的科研指导和支持。一方面,应建立健全科研指导体系,为教师提供系统的科研培训和指导服务,帮助他们掌握科学的选题方法和研究技巧,提高科研工作的规范性和有效性。另一方面,应加大科研投入,为教师提供必要的科研条件和资源支持,如实验室设备、图书资料、科研经费等,创造良好的科研环境,激发教师的科研热情和创新精神。

三、机制建设完善成效评估与反馈

(一)人才引进与培养机制

通过提供具有竞争力的优厚待遇和营造良好的工作环境,高职院校成功吸引了大批高层次人才的加盟,这些人才不仅带来了前沿的学术理念和研究方法,还为学校的学科建设、科研创新和教学改革注入了新的活力。高职院校也高度重视内部培养,通过选派优秀教师赴国内外知名高校访学、攻读更高层次学位等多种方式,不断提升教师队伍的专业素养和教学能力,形成了良好的人才梯队和学术氛围。然而,在肯定人才引进与培养机制建设取得显著成效的同时我们也应清醒地认识到,部分高职院校在人才引进与培养的精准性和针对性方面仍存在不足之处。一些学校在人才引进过程中可能过于注重数量而忽视质量,导致引进的人才与学校的学科发展和教学需求不完全匹配;在人才培养方面,可能缺乏系统性和前瞻性,难以满足教师职业发展的多元化需求。因此,未来高职院校应进一步优化人才引进与培养机制,提高人才引进的效率和质量。具体而言,应加强对人才引进的规划和论证,确保引进的人才与学校的学科特色和发展方向高度契合;应完善人才培养体系,根据教师的职业发展阶段和个性化需求,提供定制化的培养方案和支持措施。

(二)评价与激励机制

高职院校在近年来的不断探索与实践中,建立了较为完善的教师评价与激励机制,旨在通过科学合理的评价标准和一系列行之有效的激励措施,充分激发教师的工作积极性和创造力,推动教师队伍的整体素质与能力提升。这些评价机制不仅关注教师的教学成果,还重视其科研贡献,通过多维度、全方位的评估,确保评价的全面性和客观性。激励机制的设立,如职称晋升、绩效奖励、科研资助等,为教师提供了明确的职业发展路径和物质保障,极大地激发了教师的内在动力,提高了他们的教学和科研水平,进而促进了学校的整体发展,提升了教育质量和学术影响力。然而,在肯定教师评价与激励机制建设成果的同时我们也应正视部分高职院校在此方面存在的公开性和透明度不足的问题。一些评价过程可能缺乏足够的公开性和透明度,导致教师对评价结果的认可度不高;激励机制的实施也可能存在不均衡现象,未能充分体现教师的实际贡献和差异,影响了激励的有效性和公正性。因此,未来高职院校应进一步完善教师评价与激励机制,确保评价的公正性和激励的有效性。具体而言,应增强评价过程的透明度,明确评价标准,公开评价流程,让教师充分了解并参与评价过程;应优化激励机制,根据教师的不同特点和贡献,实施差异化的激励措施,确保激励的公平性和针对性。

四、教师发展平台搭建成效评估与反馈

(一)教师发展中心

近年来,众多高职院校积极响应教师职业发展的需求,纷纷成立了教师发

展中心,旨在为教师构建一个集教学研讨、学术研究、经验交流于一体的综合性平台。这些中心的成立,不仅为教师提供了一个开放、包容的学术交流环境,促进了教师之间的深度合作与广泛交流,还通过定期举办教学研讨会、学术讲座、工作坊等活动,有效提升了教师的专业素养和教学能力。教师们在这些平台上分享教学心得、探讨学术前沿、交流实践经验,相互学习,共同进步,形成了良好的学术氛围和职业发展生态。然而,在肯定教师发展中心所发挥的积极作用的同时我们也应清醒地认识到,部分中心在功能定位和服务质量方面仍存在不足之处。一些中心可能过于侧重某一方面的服务,而忽视了教师职业发展的全面性需求;服务质量参差不齐,有的中心提供的服务内容单一,缺乏针对性和实效性,难以满足教师多样化的需求。因此,未来高职院校应进一步优化教师发展中心的功能定位和服务模式,明确中心的发展目标和服务宗旨,确保服务内容全面、精准、高效。具体而言,应加强对教师需求的调研和分析,根据教师的职业发展阶段和个性化需求,提供定制化的服务方案;应创新服务模式,利用现代信息技术手段,打造线上线下相结合的服务平台,提高服务的便捷性和可及性。

(二)企业实践基地

高职院校在深化教育教学改革的过程中,积极寻求与企业的合作,共同建立了多个企业实践基地,为教师搭建了连接理论与实践的桥梁,提供了丰富多样的实践机会。这些实践基地不仅为教师提供了真实的职业环境,使其能够在实践中深化对专业知识的理解,提升实践技能和操作能力,还促进了产学研用的深度融合,加速了科技成果的转化和应用,增强了教育的社会服务功能。通过在企业实践基地的锻炼,教师们能够更好地把握行业发展趋势,将最新的技术动态和市场需求融入课堂教学,从而提高教学的针对性和实效性。然而,在实践基地的建设和运行过程中,我们也发现部分企业在合作过程中的积极性并不高,这在一定程度上影响了实践基地的建设效果和功能的充分发挥。企业可能由于自身运营压力、对合作效益的顾虑或是对教育领域的陌生感,而未能充分投入合作中来,所以实践基地的资源利用不足,教师的实践机会受限。因此,未来高职院校应进一步加强与企业的合作与交流,建立更加紧密、稳定的合作关系。一方面,高职院校应主动对接企业需求,明确合作目标和共赢点,通过共同研发项目、共享资源、联合培养人才等方式,增强企业对合作的信心和动力;另一方面,应完善实践基地的共建共享机制,明确双方的权利和义务,保障合作双方的利益,提高资源利用效率。

五、国际化水平提升成效评估与反馈

(一)海外交流与合作

高职院校在全球化的大背景下,积极响应国家教育对外开放的号召,积极开展海外交流与合作,致力于提升教师的国际化视野和跨文化交流能力。通过选派优秀教师赴海外知名高校访学、参与国际学术会议及研讨交流等多种方式,教师们不仅拓宽了学术视野,吸收了国际前沿的教育理念和教学方法,还增强了跨文化沟通与合作的能力,为培养具有国际竞争力的高素质人才奠定了坚实基础。高职院校还凭借自身特色和优势,成功吸引了众多海外高层次人才的加盟,他们带来了国际先进的学术思想和研究成果,促进了学校学科建设的国际化发展,提升了学校的国际影响力和竞争力。然而,在肯定海外交流与合作取得显著成效的同时我们也应清醒地认识到,部分高职院校在国际化战略的制定和实施方面仍存在不足之处。一些学校可能缺乏明确的国际化发展目标,导致海外交流与合作活动缺乏系统性和前瞻性;国际化战略的制定可能未能充分考虑学校的实际情况和国际发展趋势,措施的针对性和实效性有待加强。因此,未来高职院校应进一步明确国际化发展目标,将国际化作为提升学校整体办学水平的重要途径。应制定科学合理的国际化战略,结合学校特色和发展需求,明确海外交流与合作的重点方向和领域;应细化实施措施,加强与国际知名高校和机构的合作与交流,拓宽教师的国际视野,提升学校的国际化办学水平。

(二)国际化课程建设

高职院校在全球化浪潮的推动下,积极推进国际化课程建设,旨在培养具有国际视野和跨文化交流能力的高素质人才。通过引入国际先进的教学理念和方法,如以学生为中心的教学模式、翻转课堂等,高职院校不仅革新了传统的教学方式,还激发了学生的学习兴趣和主动性。学校致力于开发具有国际化特色的教材,这些教材不仅融合了国际前沿的学术成果和行业动态,还注重培养学生的国际思维和跨文化沟通能力,从而提高了课程的国际化水平。这些国际化课程的开设,不仅满足了学生对国际知识和技能的渴求,增强了他们的国际竞争力,还提升了学校在国际教育市场中的地位和影响力。然而,在国际化课程建设的过程中,我们也应正视部分高职院校存在的问题。一些课程的教材内容更新滞后,未能及时反映国际学术前沿和行业发展的最新动态,导致课程内容的时效性和针对性不足。此外,教学方法的单一性也是制约国际化课程建设效果的重要因素,缺乏多样化的教学手段和互动方式,难以充分激发学生的学习潜力和创新思维。因此,未来高职院校应继续加强国际化课程建设,注重课程内容的时效性和教学方法的多样性。应定期更新教材内容,引入国际最新的学术成果和行业案例,确保课程的前沿性和实用性。应探索和创新教学方法,如采用项目式学习、在线国际合作教学等,丰富教学手段,提高教学的互动性和趣味性。

第八章　区域文化赋能高职院校育人的保障与支持体系

第一节　经费与资源的合理配置

一、经费投入

（一）设立专项经费

高职院校在推进区域文化融入育人体系的过程中，应充分认识到经费保障的重要性，因此，设立专项经费成为一项必不可少的举措。这项专项经费应专门用于支持区域文化的挖掘、整理、传承与创新工作，旨在确保这一文化融入过程的系统性和深入性。通过专项经费的支持，高职院校可以组织专业团队对区域文化进行全面而深入的调研，挖掘其背后的历史渊源、文化内涵和时代价值，为后续的文化传承与创新提供坚实的理论基础。为了确保专项经费的充足和稳定，高职院校应积极拓展经费来源渠道，实现经费来源的多元化。政府拨款作为经费的主要来源之一，具有稳定性和可靠性的特点，高职院校应积极争取政府的支持和资助。此外，社会捐赠也是一项重要的经费来源，高职院校可以通过加强与社会各界的联系和合作，吸引更多的社会力量和资金投入到区域文化的挖掘、整理、传承与创新工作中来。校企合作收益作为另一种经费来源，不仅可以为高职院校提供资金支持，还可以促进校企合作的深入发展，实现教育资源和产业资源的有效对接。在多元化经费来源的基础上，高职院校还应建立健全的经费管理制度，确保专项经费的合理使用和有效监管。明确的经费使用范围和审批流程，可以防止经费的滥用和浪费，确保每一分钱都用在刀刃上。高职院校还应加强对经费使用效果的评估和监督，定期对经费使用情况进行审计和公开，提高经费使用的透明度和公信力。

（二）经费使用原则

经费使用应注重持续性与针对性，这是确保区域文化能够长期且深入地融入高职教育的根本保障。持续性意味着经费的支持不能是一时的或短期的,而应当是一个长期、稳定且持续的投入过程。这样,才能为区域文化的挖掘、整理、传承与创新提供源源不断的动力,确保相关教育活动的持续开展和深入进行。针对性则要求经费的使用必须紧密围绕区域文化的特色和高职教育的实际需求,确保经费能够精准投入最需要的环节和领域,提高经费使用的效率和效果。为了确保经费使用的规范性和有效性,高职院校必须建立一套完善的经费管理制度。这套制度应明确经费的使用范围,确保每一笔经费都能够用于支持区域文化的融入工作,避免经费的挪用和滥用。制度还应规定经费的审批流程,确保经费的使用经过严格的审批和把关,防止随意支出和浪费。此外,监督机制也是经费管理制度中不可或缺的一部分。通过建立健全的监督机制,可以对经费的使用情况进行实时跟踪和监控,及时发现并纠正经费使用中的问题和不足。这样,不仅能够确保经费的合理使用和有效管理,还能够提高经费使用的透明度和公信力,为区域文化融入高职教育提供有力的制度保障。

(三)经费效果评估

在高职院校将区域文化融入教育体系的进程中,加强对经费使用效果的评估是至关重要的一环,这是确保资源优化配置、提高资金使用效益的必然要求。每一分经费的投入,都应被视为对区域文化传承与创新教育的宝贵支持,因此,必须确保其能够被精准、高效地运用在刀刃上,即那些对推动区域文化融入高职教育最具影响力的关键环节。这要求我们建立一套科学、全面的评估体系,该体系应涵盖经费使用的各个方面,包括但不限于项目实施的成效、教育资源的开发与利用情况,以及对学生文化素养提升的实际贡献等。为了实现这一目标,定期评估机制显得尤为重要。通过设定合理的评估周期,如每学期或每年进行一次,我们可以对经费的使用情况进行系统性的回顾与分析。这种定期评估不仅能够及时揭示经费使用中存在的问题与不足,如资金分配不合理、项目执行效率低下等,还能够为后续的经费使用策略调整提供有力的数据支撑和决策依据。基于评估结果,高职院校可以灵活地调整经费的投向和重点,优化资源配置,确保经费能够更加精准地服务于区域文化的教育融入目标。此外,定期评估还有助于形成一种良性的反馈循环,促使经费管理者和使用者不断增强责任意识和效率意识,从而在全校范围内营造出一种注重实效、追求卓越的经费使用文化。

二、资源整合

(一)校外资源整合

在高职院校推进区域文化融入教育教学的过程中,与地方政府、文化机构及企业等建立紧密的合作关系显得尤为重要。这种合作关系的构建,旨在共同开发和利用丰富的区域文化资源,为高职教育注入独特的文化内涵和地域特色。通过深度合作,各方可以充分发挥自身优势,形成资源互补、优势互补的良好局面。地方政府作为区域文化管理的主体,能够提供政策支持和资金保障;文化机构则拥有丰富的文化资源和专业的研究团队,能够为高职教育提供深厚的学术支撑;而企业则能够将区域文化与市场需求相结合,为高职学生提供实践平台和就业机会。在此基础上,高职院校应充分利用地方博物馆、图书馆、文化馆等文化设施,这些设施不仅是区域文化的重要载体,也是开展文化教育活动的重要场所。通过组织文化讲座,可以邀请专家学者为学生深入解读区域文化的历史渊源、文化内涵和时代价值;通过举办展览,可以展示区域文化的独特魅力和丰硕成果,增强学生的文化认同感和自豪感;通过策划演出活动,可以让学生亲身体验区域文化的艺术魅力和表现力,激发他们的文化兴趣和创作热情。这些活动的开展,不仅能够丰富校园文化生活,提升学生的文化素养和审美能力,还能够促进区域文化的传承与创新,为高职教育的文化内涵建设提供有力支撑。

(二)校内资源整合

在高职院校的教育体系中,将区域文化全方位、深层次地融入课堂教学、实践教学以及校园文化建设等各个环节,是提升教育质量、增强学生文化认同感的重要途径。具体而言,课堂教学作为知识传授的主渠道,应充分挖掘区域文化的教育资源,将其融入专业课程的教学内容之中,使学生在学习专业知识时也能领略到区域文化的独特魅力。可通过案例分析、专题讨论等教学方式,引导学生深入思考区域文化与专业发展的内在联系,培养他们的文化敏感性和批判性思维。实践教学则是巩固理论知识、提升实践能力的重要环节。高职院校应依托区域文化资源,设计具有地方特色的实践项目,让学生在实地考察、社会调研等实践活动中,亲身体验区域文化的丰富多样性和生动实践性。可建立区域文化研究基地,为师生提供一个集教学、科研、交流于一体的综合性平台,促进区域文化的深入研究与创新传承。此外,校园文化建设也是融入区域文化不可或缺的一环。可通过举办区域文化主题活动,如文化节、艺术展、讲座论坛等,营造浓厚的文化氛围,增强学生的文化参与感和归属感。这些活动不仅能够丰富学生的课余生活,提升他们的文化素养,更重要的是能够激发他们的文化自豪感和认同感,使他们成为区域文化的传承者和弘扬者。

(三)资源共享与互补机制

在高职院校促进区域文化传承与创新的实践中,建立资源共享平台旨在打破校内外资源的壁垒,实现教育资源、文化资源以及社会资源的有效对接和共享,为区域文化的深入研究和广泛传播提供有力支撑。通过整合各方资源,形成资源互补、优势互通的良好生态,不仅能够丰富高职院校的教育教学内容,提升教学质量,还能够促进区域文化的活态传承与创新发展。具体而言,资源共享平台的构建应充分考虑校内外各方的优势与特色。高职院校拥有丰富的教育资源和学术研究力量,能够为区域文化的深入研究提供智力支持;地方政府及文化机构则掌握着大量的文化资源和政策资源,能够为文化传承与创新提供政策保障和资金支持;而企业则拥有市场运作经验和产业化能力,能够将区域文化成果转化为实际的文化产品或服务。因此,通过互补机制,充分发挥各方优势,是共同推动区域文化传承与创新的关键。高职院校应主动与地方政府、文化机构及企业等建立紧密的合作关系,通过资源共享平台,实现信息互通、资源共享、成果共用。在这一过程中,各方应秉持开放合作、互利共赢的原则,共同探索区域文化传承与创新的新路径、新模式。

三、机制创新

(一)协作机制建立

在高职院校推进区域文化传承与创新的进程中,建立一个由校领导、专业教师、文化专家、企业代表等多方参与的协作机制显得尤为重要。这一机制旨在汇聚各方智慧与力量,共同肩负起区域文化的挖掘、整理、传承与创新工作,形成强大的合力,推动区域文化的繁荣发展。校领导作为高职院校的决策者和引领者，应高度重视区域文化传承与创新工作，将其纳入学校发展规划，为相关工作提供政策支持和资源保障。专业教师则凭借其深厚的学术功底和教学经验，负责将区域文化融入课堂教学，通过学术研究和实践教学，培养学生的文化素养和创新能力。文化专家作为区域文化的研究者和传承者，拥有丰富的文化知识和独到的文化见解，能够为区域文化的挖掘和整理提供专业指导，确保工作的科学性和准确性。企业代表则了解市场需求和产业发展趋势，能够将区域文化与市场经济相结合，为文化传承与创新提供实践平台和产业化路径。通过多方参与的协作机制，各方能够充分发挥自身优势，相互协作、相互补充，共同推动区域文化的深入挖掘、系统整理、有效传承和创新发展。这种协作机制不仅能够促进区域文化的活态传承，还能够激发文化创新活力，推动文化产业的蓬勃发展。

（二）激励机制完善

在高职院校推动区域文化传承与创新的进程中，建立有效的激励机制旨在充分调动教师和学生的积极性与主动性，鼓励他们积极参与区域文化的研究与实践活动，从而为区域文化的深入探索与广泛传播注入新的活力。具体而言，激励机制应涵盖多个层面，既包括物质奖励，又涉及精神激励。对于教师而言，可以通过设立科研项目经费、提供学术交流机会、评选优秀教学成果奖等方式，肯定他们在区域文化研究与实践中的贡献，激发他们持续投入的热情和创造力。应鼓励教师将区域文化融入课程教学，创新教学方法，提升学生的文化素养和实践能力。对于学生而言，则可以通过设立奖学金、提供实习实训机会、举办文化创新竞赛等方式，激励他们积极参与区域文化的调研、宣传、创作等活动，培养他们的文化自觉和文化自信。可通过表彰在学习、研究、实践中表现突出的学生，树立榜样，营造积极向上的文化氛围。这一系列激励措施，不仅能够激发师生的内在动力，促使他们更加主动地投身于区域文化的研究与实践，还能够促进师生之间的互动交流，形成教学相长、共同进步的良好局面。此外，激励机制的建立还有助于提升高职院校的文化软实力，增强学校在区域文化传承与创新领域的影响力和竞争力，为培养具有深厚文化底蕴和创新能力的高素质人才提供有力支撑。

（三）国际交流与合作

全球范围内，诸多国家在将区域文化融入高职教育方面已积累了丰富的实践经验和理论成果,这些宝贵的经验为我国高职院校提供了有益的参考和启示。通过深入研究国外成功案例,我们可以了解到他们如何将地方特色文化与专业课程体系、实践教学环节以及校园文化活动紧密结合,从而实现文化传承与技能培养的有机融合。为了更有效地借鉴和应用这些成功经验,高职院校应积极开展国际合作与交流,搭建起与国外高等教育机构的沟通桥梁。可通过互访学者、联合办学、国际研讨会等多种形式,引进国外先进的教育理念和方法,促进教育资源的共享与互补。这种跨国界的学术交流不仅能够拓宽师生的国际视野,还能够激发创新思维,为本校的区域文化融入教育注入新的活力。在引进国外先进经验的同时高职院校应结合本校实际情况,进行本土化改造和创新,形成具有中国特色的区域文化融入高职教育模式。这要求我们在借鉴的基础上,注重理论与实践的结合,不断探索适合我国国情和区域特色的教育路径。

第二节　校企合作与产学研一体化发展

一、区域文化在高职院校校企合作中的作用

(一)促进文化融合与理解

1. 提升学生的文化素养与认同感

将区域文化融入校企合作,对学生而言,不仅是一个学习和了解本土文化的机会,更是一个文化自觉与文化自信的培养过程。以广东高职院校为例,通过将岭南文化融入校园文化建设,学校能够提供一个沉浸式的文化环境,使学生在校园生活的点滴中感受到岭南文化的独特魅力。岭南文化的包容性和务实性,作为该地区的文化特质,通过这样的教育方式得以传递和强化。学生在这样的环境中学习,不仅能够逐步了解自己的本土文化,更能够在此基础上形成对本土文化的深刻认同感和归属感。这种认同感不仅有助于学生个人的全面发展,更能够在他们未来的职业生涯中发挥积极的作用,使他们在与本土企业和同事的交往中更加得心应手,更好地融入和贡献于本土社会。

2. 有助于学生的职业发展与社会适应

在快速发展的全球化时代,具备跨文化交流与合作的能力显得尤为重要。

然而,这并不意味着我们可以忽视对本土文化的深入了解和掌握。相反,一个对本土文化有深刻理解的人,在跨文化交流中往往能够更准确地把握自身文化的定位,从而在多元文化的交融中找到自己的位置。广东高职院校通过融入岭南文化,实际上是在培养学生的这种能力。学生在了解和认同本土文化的过程中,也学会了如何在多元文化背景下进行有效的沟通与合作。这种能力在他们未来的职业发展中将是一笔宝贵的财富。特别是在与本土企业和同事的交往中,对岭南文化的深刻理解将使他们更加敏锐地捕捉到合作对象的需求和期望,从而建立起更加稳固和互信的关系。

(二)提升实践教学的文化适应性

1. 区域文化助力学生快速融入企业环境

在校企合作中,学生到企业实习实训是关键环节,由于学校与企业在文化环境上存在差异,学生初入企业时往往会面临一定的文化适应难题。此时,如果学生在校期间已经接触过并理解了该区域的企业文化特质,如团队合作和务实创新,那么他们在进入实习阶段时就能够更加迅速地把握企业的文化脉络,减少文化冲突和摩擦。例如,在某些注重团队合作和务实创新的地区,企业通过长期的实践形成了特有的工作方式和价值观。高职院校在教育中融入这些区域文化元素,相当于为学生提前绘制了一张"企业文化地图"。当学生踏入实习企业时,这张"地图"将引导他们更快地找到自己在企业中的位置,理解并融入企业的文化环境。

2. 融入区域文化提升实习实训效果

实习实训的目的是让学生在真实的工作环境中学习实践技能,培养职业素养。区域文化的融入能够增强实习实训的针对性和实效性。一方面,通过对区域文化的学习,学生能够更加明确自己在实习过程中应该关注哪些重点,如何与同事沟通交流,以及如何更有效地完成任务。这种有针对性的学习态度能够帮助学生在实习期间取得更好的表现。另一方面,区域文化的融入也有助于提升学生的职业素养。在了解并认同了企业的文化价值观后,学生会更加自觉地以职业人的标准要求自己,从而在实习过程中形成更加良好的职业习惯和职业道德。这种职业素养的提升不仅对学生个人的职业发展有益,也能够为企业带来更加优秀的人才资源。

二、区域文化在产学研一体化中的推动作用

(一)激发科研创新灵感

1. 区域文化为高职院校科研创新提供灵感来源

在科研创新过程中,灵感的迸发往往来源于对现有事物的深入观察和新颖思考。区域文化中的独特元素,如手工艺文化、民俗文化等,正是这样宝贵的“观察对象”和“思考素材”。高职院校的科研团队通过对这些文化元素的深入研究,往往能够发现新的科研视角和切入点,从而提出具有创新性的研究课题。例如,某些地区的手工艺文化历经千年传承,蕴含着精湛的技艺和独特的审美观念。科研团队可以从中汲取灵感,探索将这些传统技艺与现代科技相结合的可能性,开发出既保留传统韵味又符合现代审美的新产品或新技术。这种跨界的创新实践,不仅有助于拓展科研领域的研究视野,更能够为高职院校的科研工作注入新的活力。

2. 基于区域文化的科研创新助力地方经济发展

高职院校作为地方高等教育体系的重要组成部分,其科研创新活动与地方经济发展密切相关。通过挖掘和利用区域文化资源进行科研创新,高职院校不仅能够提升自身的科研实力,更能够为地方经济发展贡献智慧和力量。具体而言,基于区域文化的科研创新往往能够开发出具有地方特色的新产品或新技术。这些产品或技术在市场上具有一定的差异化和竞争优势,能够吸引更多的消费者和投资者关注,从而带动相关产业的发展和升级。这种创新活动还能够促进地方文化的传播和推广,增强地区的文化软实力和影响力,为地方经济的可持续发展提供有力的文化支撑。

(二)促进科研成果的本地化应用

1. 区域文化促进科研成果的本地化应用

科研成果的本地化应用是产学研一体化的关键环节,它要求科研成果不仅要在理论上有所突破,更要在实际应用中能够解决地方发展中的具体问题。区域文化在这方面发挥了至关重要的作用,每个地方都有其独特的文化传统、产业结构和发展需求,这些元素共同构成了区域文化的独特性。高职院校和

企业在开展产学研合作时,通过深入挖掘和利用这些区域文化资源,可以更加精准地定位地方发展的需求,从而研发出更加符合地方产业特点的新技术或新产品。例如,在农业为主导的地区,高职院校可以与当地农业企业合作,研发出适合当地气候和土壤条件的农业新技术,提高农产品的产量和质量。这种基于区域文化的科研成果本地化应用,不仅能够有效地解决地方发展中的实际问题,还能够增强科研成果的实用性和可持续性。

2. 基于区域文化的产学研合作推动地方经济转型升级

随着全球经济的深入发展和市场竞争的日益激烈,地方经济的转型升级已经成为各地发展的共同诉求。而产学研一体化正是实现这一转型的重要途径。通过与企业合作开展科研项目,高职院校可以将自身的科研优势与企业的市场优势相结合,共同研发出具有市场竞争力的新技术或新产品。这些新技术或新产品不仅能够满足地方市场的需求,还能够通过技术溢出和产业关联效应,带动相关产业的发展和升级,从而推动整个地方经济的转型升级。在这一过程中,区域文化发挥了不可或缺的桥梁和纽带作用。它一方面为高职院校和企业提供了丰富的合作资源和创新灵感,另一方面也为科研成果的本地化应用和产业化推广创造了有利的条件和环境。通过这种基于区域文化的产学研合作模式,地方经济可以实现更加高效、可持续的发展。

三、校企合作与产学研一体化发展策略

(一)将区域文化融入专业建设和课程设置

1. 培养特色专业人才

高职院校开设与区域文化紧密相关的专业或课程,如“非物质文化遗产保护”“地方历史文化研究”等,是对本土文化的一种有力传承。这些课程能够系统地介绍和传播区域文化的精髓,使学生深入了解并珍视自己的文化根基。通过这种方式,高职院校实际上承担起了文化传承者的角色,为保护和弘扬区域文化做出了积极贡献。这些专业和课程的设置,也为地方经济发展培养了具有地方特色的专业人才。随着文化旅游、文化创意产业的兴起,对于深谙区域文化的人才需求日益增加。学生通过这些专业或课程的学习,能够掌握与区域文化相关的专业知识和技能,从而在未来的职业生涯中更好地服务于地方经济的发展,推动文化产业和旅游业的繁荣。

2. 提升学生文化素养与职业能力

在专业教学中融入区域文化元素,是高职院校教育创新的一种体现。这种融合不仅丰富了教学内容,还提高了学生的学习兴趣和参与度。通过学习区域文化,学生的文化素养得到了显著提升,他们能够更加深入地理解和欣赏自己的文化传统,从而增强文化自信。此外,区域文化的融入还有助于提升学生的职业能力。在职业生涯中,具备深厚的文化素养能够使学生更好地适应多元文化的工作环境,提高与不同文化背景人士的沟通与合作能力。对于从事与区域文化相关工作的学生来说,这些专业知识更是他们职业发展的核心竞争力。

(二)建立校企合作的区域文化平台

1. 为高职院校提供研究与实践机会

通过建立区域文化平台,高职院校的科研团队获得了宝贵的研究和实践机会。这些平台成为科研工作的实地实验室,为学者们提供了深入探索区域文化的空间。在这里,他们可以系统地收集、整理和研究各种区域文化资料,从而更全面地了解和掌握该地区的文化传统和特色。此外,这些平台还为高职学生提供了难得的实习和实践机会。学生们可以在这些平台上参与到区域文化的保护、传承与创新工作中,从而更直观地了解和体验自己的文化根源,增强文化自信。这种实践经历不仅能提升他们的文化素养,还能锻炼他们的实际操作能力,为未来的职业发展打下坚实的基础。

2. 为地方企业提供文化支持与智力支撑

对于地方企业来说,与高职院校共建区域文化平台同样具有深远的意义。这些平台可以为企业提供强大的文化支持和智力支撑,帮助企业更好地理解和挖掘自身的文化内涵,进而提升品牌形象和市场竞争力。例如,企业可以通过与高职院校合作开展区域文化的研究和保护工作,来挖掘和传承自身的企业文化,从而打造出独具特色的品牌形象。这种深度的文化挖掘不仅能增强企业的内部凝聚力,还能吸引更多消费者的关注和喜爱。高职院校的科研团队还能为企业提供专业的咨询服务和解决方案,帮助企业解决在文化传承与创新过程中遇到的各种问题。这种智力支撑不仅能提升企业的运营效率,还能推动企业在激烈的市场竞争中保持领先地位。

(三)推动校企合作的区域文化项目

1. 促进高职院校与企业深度合作

高职院校与企业合作开展区域文化特色项目,是产教融合理念的具体实践。这种合作模式有效地打破了教育与产业之间的壁垒,使得高职院校的科研与教学更加贴近市场需求和企业实际。通过共同研发地方特色产品、推广地方文化等项目,高职院校与企业能够形成紧密的合作关系,实现资源共享和优势互补。这种深度合作对于高职院校而言,有助于提升其科研实力和教学水平。企业提供的市场需求和实践平台,使得高职院校的科研更加具有针对性和实用性。企业的参与也为高职院校的教学提供了丰富的案例和实践机会,有助于学生更好地理解和掌握所学知识。对于企业而言,这种合作模式有助于其获取更多的创新资源和人才支持。高职院校的科研团队和学生群体是企业创新的重要源泉。通过合作,企业可以及时了解并掌握最新的科研成果和技术动态,从而提升自身的市场竞争力。

2. 为地方经济发展注入新动力

高职院校与企业合作开展区域文化特色项目,不仅能够促进双方的发展,还能为地方经济带来实实在在的好处。这些项目往往以地方特色文化为核心,通过开发特色产品、推广地方文化等方式,有效地提升了地方的知名度和美誉度。例如,通过与企业合作开发具有地方特色的旅游纪念品,不仅可以丰富旅游市场的产品线,满足游客的多样化需求,还能推动地方旅游业的发展。这些特色纪念品成为地方文化的有力载体,让游客在带走纪念品的同时也带走了对地方的美好印象和文化记忆。这些项目的实施还为高职院校的学生提供了宝贵的实践机会和就业岗位。学生们可以在项目参与过程中,将所学知识与实践相结合,提升自身的职业素养和实践能力。而项目的成功实施,也往往能够带动相关产业的发展,从而创造更多的就业机会,为地方经济的持续发展提供有力的人才保障。

第三节 保障体系建设的实践案例与经验分享

一、实践案例:苏州市职业大学

(一)案例背景

苏州市职业大学,作为一所承载着悠久历史与地方特色的高职院校,始终将服务地方经济社会发展视为自身不可推卸的责任与使命。在长期的办学实践中,学校深刻认识到,区域文化不仅是地方经济社会发展的宝贵资源,更是高职院校育人工作不可或缺的重要元素。吴文化,作为中华优秀传统文化的璀璨明珠,其深厚的历史底蕴、独特的艺术魅力以及丰富的哲学思想,不仅构成了苏州城市精神的基石和源泉,更为苏州市职业大学的文化育人工作提供了取之不尽、用之不竭的丰富资源。要培养出既具备专业技能又富有文化素养的高素质人才,就必须将区域文化深度融入育人过程之中。因此,苏州市职业大学积极探索区域文化赋能高职院校育人的新模式,致力于将吴文化的精髓与学校的教育教学、校园文化、社会实践等各个环节紧密结合。通过深入挖掘吴文化的内涵与价值,学校努力将吴文化的智慧与力量传递给每一位学生,使他们在掌握专业知识与技能的同时也能深刻领悟到吴文化所蕴含的精神追求与价值导向。这种将区域文化与高职院校育人工作深度融合的探索与实践,不仅丰富了学校的文化内涵,提升了育人质量,更为地方经济社会的持续发展注入了新的活力与动力,彰显了苏州市职业大学在服务地方、传承文化方面的独特魅力与深远影响。

(二)实践案例

1. 构建一体化的地域文化育人体系

苏州市职业大学深谙地域优秀传统文化在育人工作中的独特价值,积极从这片丰沃的文化土壤中汲取精髓,创新性地构建了校地合作、研学并进的实践教学体系,旨在打造一个独具特色、内涵丰富的地域文化育人品牌。学校深知,要将区域文化的智慧与力量有效传递给学子,就必须构建一个系统化、一体化的地域文化育人体系,将地域文化的精髓深度融合于人才培养方案之中,以此更好地服务地域经济的发展,促进地方文化的传承与创新。在此理念指引下,苏州市职业大学率先成立了吴文化研究所,这一学术机构的设立,为深入挖掘、整理和研究吴文化提供了坚实的平台。学校精心规划并打造了占地2 500平方米的吴文化园,这一园区的建设,不仅是对吴地优秀传统文化的实体化展现,更是对地域文化育人理念的生动实践。吴文化园内,精心构筑了吴地历史、园林文化、非遗文化、民风民俗、廉洁文化等八个主题板块,每一板块都精心展陈着吴地优秀传统文化的精髓,从多个维度、多个层面展示了吴文化的独特魅力和深远影响。

2. 强化师资队伍建设,注重教学团队培育

学校秉持"人才强校"的核心战略,明确提出了"二个结合、三项能力、四个梯队"的师资队伍建设总体思路,以全面优化和提升教师队伍的整体素质与能力(表8-1)。具体而言,"二个结合"即"专兼结合"与"培养和引进结合",这一策略旨在通过灵活多样的用人机制,既充分发挥校内专任教师的专业优势,又积极引进外部优秀人才,形成优势互补、协同发展的良好局面。在此基础上,学校着重培养和提高专任教师的"综合职业素养、实践教学能力、技术服务能力"三项核心能力,确保教师不仅能够传授理论知识,还能在实践中指导学生,为企业提供技术服务,实现产学研的深度融合。在师资队伍建设中,学校特别注重分层次、分类别地推进"专业带头人、骨干教师、双师素质专业教师、行业兼职教师"四个梯队的建设,以形成结构合理、层次分明、充满活力的教师队伍。尤为值得一提的是,在地域文化育人工作中,学校高度重视培养具有地域文化素养的专任教师。为此,学校组织专家团队,深入挖掘地方传统文化资源,精心编写具有地域特色的传统文化教材,为教师教学提供丰富素材。学校定期开展地域文化专题培训,邀请地方文化学者、非物质文化遗产代表性传承人进校讲座,通过系列培训活动,有效提升教师的地域文化素养和教学能力,使教师能够更好地将地域文化融入课堂教学,为培养具有地域文化认同感和创新能力的高素质人才奠定坚实基础。

表8-1　二个结合、三项能力、四个梯队具体内容

师资队伍建设总体思路	具体内容
二个结合	1. 专兼结合:结合专职教师与兼职教师,优化师资队伍结构。
	2. 培养和引进结合:结合内部培养与外部引进,提升师资队伍的整体素质和能力 。

续表8-1

师资队伍建设总体思路	具体内容
三项能力	1. 综合职业素养：提高教师的职业道德、教育理念、教育法规意识等综合素养。
	2. 实践教学能力：增强教师的实践教学、实训指导、技能操作等实践教学能力 。
	3. 技术服务能力：提升教师的科研创新、技术服务、技术咨询等技术服务能力 。
四个梯队	1. 专业带头人：培养具备高水平学术造诣、丰富教学经验和较强领导力的专业带头人。
	2. 骨干教师：培养在教学、科研、社会服务等方面表现突出的骨干教师。
	3. 双师素质专业教师：培养既具备理论教学能力又具备实践教学能力的“双师型”教师。
	4. 行业兼职教师：聘请行业内的专家、技术能手作为兼职教师，丰富师资队伍结构。

3. 丰富教学实践平台，突出高职办学特色

苏州市职业大学凭借其得天独厚的地理位置优势，积极探索与周边微电园的深度合作，成功构建了资源整合平台和社会服务平台并行的“两个平台”校企合作发展机制。这一机制的建立，不仅促进了校企之间的资源互补与优势共享，还为学校的人才培养和社会服务提供了更为广阔的空间。在实习实训基地建设方面，学校与合作企业遵循“共建、共管、共享”的原则，共同打造了一个集“产、训、研、培、鉴”多功能于一体的共享性实践平台。这一平台不仅满足了学生实习实训的需求，还为企业提供了技术研发、员工培训、产品鉴定等多方面的服务，实现了校企双方的共赢发展。在区域文化育人实践中，苏州市职业大学进一步拓展了校企合作的广度和深度。学校与企业合作共建区域文化实训基地，将区域文化的传承与创新融入实践教学之中，使学生在实践中深刻体会区域文化的魅力。学校还积极组织开展以区域文化为主题的社会实践活动，如文化调研、志愿服务、文化创新项目等，为学生提供了丰富的实践机会。

4. 推进课程教学改革，增强学生职业能力

学校在课程设计的理念与实践上，创新性地采用了“5 步工作机制”（图

8-1），这一机制确保了校企专家能够深度参与课程设计的全过程，实现了教育与产业、理论与实践的紧密对接。通过这一机制，学校能够准确把握行业发展的最新动态和企业用人的实际需求，为课程内容的设置与教学方法的创新提供了科学依据。

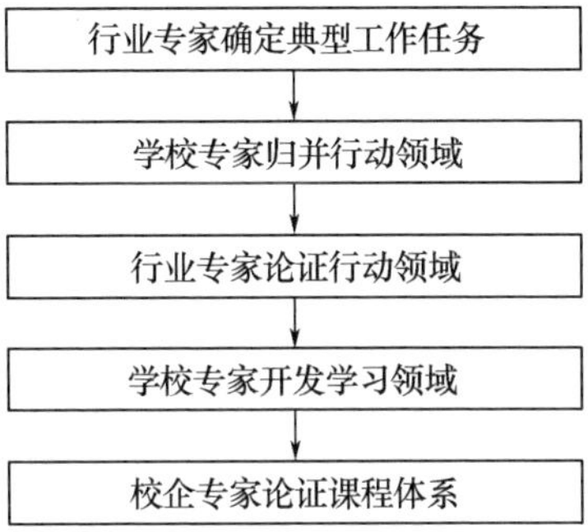

图 8-1　5 步工作机制

在区域文化育人工作中，学校充分发挥课程设计的灵活性与创新性，将区域文化元素巧妙融入专业课程教学中。一方面，学校开设了一系列区域文化专题课程，这些课程不仅涵盖了区域文化的历史渊源、特色风貌、民俗传统等内容，还注重引导学生深入探究区域文化的内在价值与时代意义，增强学生的文化自觉与文化自信。另一方面，学校鼓励教师将区域文化案例引入专业课堂，通过具体生动的案例分析，使学生在学习专业知识时也能感受到区域文化的独特魅力，实现知识传授与价值引领的有机统一。

5. 构建制度文化

学校深知区域文化在育人工作中的独特价值与重要意义，因此积极寻找区域文化与学校制度文化的契合点，旨在将区域文化的传承和创新工作有机融入学校的教学、科研、管理等各项规章制度之中，形成制度保障与文化引领的良性互动。在教学管理制度的完善与创新过程中，学校大力推进区域文化进课堂、进教材、进头脑的"三进"活动，这一举措不仅体现了学校对区域文化传承的高度重视，也彰显了其在教育体系构建中的灵活性与开放性。具体而言，学校将区域文化纳入学校的理论教育体系与实践教育体系，通过组织专家团队深入挖掘地方传统文化的精髓，编写具有地域特色的传统文化教材。这些教材既可以作为独立的基础课程开设，供学生系统学习区域文化的知识与技能;又可以作为选修课程,满足学生个性化、多样化的学习需求;还可以灵活融入思想政治理论课、语文课等文化基础课或专业基础课中,使学生在学习专业知识时也能感受到区域文化的熏陶与滋养。

二、经验分享

(一)注重区域文化与专业教学的深度融合

1. 课程开发与创新

在课程开发这一核心环节上,高职院校应当深刻认识到区域文化与专业教学深度融合的重要性和必要性。区域文化作为地方历史、经济、社会及自然环境的综合体现,蕴含着丰富的教育资源和文化价值,对于培养学生的文化素养、创新能力和社会责任感具有不可替代的作用。因此,高职院校在课程开发过程中,应当积极寻求与地方文化专家、企业行业专家的合作与交流。通过邀请这些专家共同参与课程开发,可以充分利用他们的专业知识和实践经验,将区域文化的独特元素和深刻内涵有机融入专业课程之中。具体而言,可以在专业课程的教学内容中穿插区域文化的历史渊源、特色风貌、民俗传统以及当代发展等方面的知识,使学生在学习专业知识时也能深入了解区域文化的丰富内涵和独特魅力。还可以结合区域文化的未来发展趋势,引导学生思考如何将专业知识应用于区域文化的传承与创新之中,培养学生的跨学科思维能力和实践创新能力。

2. 教学方法与手段革新

在教学过程中,教师应当充分认识到区域文化与专业知识相结合的独特教学价值,积极采用多种教学方法和手段,以激发学生的学习兴趣和积极性,提升教学效果。具体而言,案例教学作为一种行之有效的教学方法,可以将区域文化中的具体实例引入课堂,让学生在分析、讨论实际案例的过程中,深刻理解区域文化的内涵与外延,并将其与专业知识相融合,形成跨学科的知识体系。此外,项目教学也是一种值得推广的教学模式。通过设定与区域文化相关的项目任务,引导学生自主探究、合作实践,不仅可以锻炼学生的实践能力和团队协作精神,还能让他们在实践中深化对区域文化的认识和理解。情境教学则能为学生营造一种身临其境的学习氛围,使他们在模拟的区域文化环境中,更加直观地感受区域文化的魅力,增强学习的沉浸感和体验感。教师还可以利用现代信息技术手段,如虚拟现实、增强现实等,为学生提供更加直观、生动的学习体验。通过这些技术手段,学生可以“亲历”区域文化的历史场景,近距离观察区域文化的特色风貌,从而更加深入地领悟区域文化的精髓,为培养他们的文化素养和创新能力提供有力的支撑。

(二)加强校企合作,共建区域文化实践平台

1. 深化校企合作机制

高职院校在区域文化传承与创新的过程中,应充分认识到与地方企业合作与交流的重要性,积极寻求与企业共建区域文化实践平台的途径。为了实现这一目标,高职院校可以通过签订校企合作协议的方式,明确双方的合作内容、方式及责任义务,为后续的深度合作奠定坚实的基础。在此基础上,高职院校与企业可以共建实训基地,将企业的实际生产场景、技术流程和文化元素融入实践教学之中,为学生提供更加真实、具体的学习环境。这种实训基地的建设,不仅有助于提升学生的实践能力和职业素养,还能促进他们对区域文化的深入了解和认同。高职院校与企业还可以开展文化项目合作,共同挖掘、整理和推广区域文化,通过合作开展文化研究项目、举办区域文化展览和活动、开发区域文化产品等方式,实现学校与企业的资源共享、优势互补。这种合作不仅能够推动区域文化的传承与创新,还能为企业的文化品牌建设提供有力支持,促进学校与企业的共同发展。

2. 拓展实践育人渠道

在实践育人这一重要环节中,高职院校应充分认识到区域文化所蕴含的丰富教育资源和实践价值,积极拓展实践渠道,为学生搭建起参与区域文化实践的广阔舞台。为了实现这一目标,高职院校可以精心组织一系列文化调研活动,引导学生深入社区、乡村、企业等区域文化现场,通过实地考察、访谈交流、资料收集等方式,全面了解区域文化的历史渊源、发展现状及独特魅力,从而在实践中锻炼学生的社会调查能力和信息分析能力。高职院校还应积极倡导文化志愿服务活动,鼓励学生利用所学知识和技能,为区域文化的传承与发展贡献自己的力量。通过参与文化志愿服务,学生不仅可以增强社会责任感和服务意识,还能在实践中提升自己的组织协调能力和团队协作能力。此外,高职院校还应大力支持学生开展文化创新项目,引导他们结合区域文化特色,运用所学专业知识进行文化创意产品的设计和开发。这种文化创新实践不仅

能够激发学生的创新思维和创造潜力，还能促进区域文化的活态传承与创新发展，使学生在实践中锻炼能力、增长才干。

（三）营造区域文化氛围，增强文化育人实效

1. 校园文化建设

高职院校在校园文化建设中，应高度重视区域文化的融入与传承，将区域文化元素巧妙地渗透到校园景观、建筑风格以及各类文化活动之中，以此构建独具特色的校园文化体系。在校园景观规划上，可以充分借鉴区域文化的特色元素，如传统建筑符号、地方植被、石雕艺术等，将其融入校园绿化、雕塑、小径等设计中，使校园成为区域文化的微缩景观，让学生在日常学习生活中就能感受到区域文化的熏陶。在建筑风格上，高职院校可以融合区域传统建筑与现代建筑风格，打造出既具有历史底蕴又充满时代气息的校园建筑，成为展现区域文化魅力的重要窗口。高职院校还应通过举办区域文化节、文化展览、文艺演出等一系列丰富多彩的文化活动，营造浓厚的区域文化氛围。这些活动可以围绕区域文化的主题展开，如地方戏曲表演、民俗工艺展示、非物质文化遗产传承等，让学生在参与中深入了解区域文化的内涵与价值，增强对区域文化的认同感和归属感。通过这样的校园文化建设，不仅能够丰富学生的精神文化生活，还能促进区域文化的传承与发展，为培养具有深厚区域文化底蕴的高素质人才提供有力支撑。

2. 社团活动与文化建设

学生社团作为校园文化中一股活跃而富有创造力的力量，承载着丰富校园文化生活、促进学生全面发展的重任，同时也是区域文化传承与创新不可或缺的重要载体。高职院校应深刻认识到学生社团在区域文化传承中的独特作用，积极鼓励并大力支持学生成立与区域文化紧密相关的社团组织，如地方戏曲社、民俗文化研究社、区域文化艺术社等，为学生提供一个展示个人才华、交流思想观点、探索区域文化的广阔平台。这些社团组织可以围绕区域文化的主题，开展形式多样的活动，如地方戏曲表演、民俗工艺制作、区域文化讲座、文化考察调研等，让学生在实践中深入了解区域文化的精髓与魅力，激发他们对区域文化的兴趣与热爱。社团成员之间的交流与合作，也可以促进思想的碰撞与融合，激发创新思维，为区域文化的传承与创新注入新的活力。高职院校应给予学生社团充分的指导与支持，提供必要的场地、资金和资源，为社团

活动的顺利开展创造有利条件。

（四）创新区域文化传承方式，提升育人水平

1. 数字化资源建设

高职院校在区域文化的传承与创新过程中，应紧跟时代步伐，充分利用现代信息技术手段，加强区域文化数字化资源的建设与开发。为了实现这一目标，高职院校可以着手建设区域文化数字资源库，通过数字化技术将区域文化的丰富内涵和多样形式进行系统化、规范化的整理与收录，包括但不限于地方历史文献、民俗风情、传统艺术、非物质文化遗产等各个方面的内容。这一数字资源库的建设，不仅能够为师生提供全面、翔实的区域文化学习资料，还能促进区域文化资源的共享与传播，扩大其影响力。此外，高职院校还可以积极开发区域文化 App，将区域文化的数字化资源以更加便捷、高效的方式呈现给学生。这款 App 可以设计包含区域文化知识学习、文化活动预告、文化地图导航、互动交流社区等多个功能模块，既满足学生随时随地学习区域文化的需求，又为他们提供参与文化活动、交流思想观点的平台。通过这样的数字化资源建设，高职院校不仅能够为学生提供更加丰富、多元的区域文化学习体验，还能激发他们对区域文化的兴趣与热爱，促进区域文化的校园传承与创新。

2. 跨界融合与创新

在区域文化传承的深远历程中，高职院校应秉持开放包容、跨界融合的创新理念，积极探索与旅游、文化、艺术等领域的广泛合作与交流。通过搭建多元合作平台，高职院校能够与相关行业深度对接，共同挖掘区域文化的独特魅力与深厚底蕴，为区域文化的传承与创新开辟新的路径。具体而言，高职院校可以与旅游部门携手，共同开发区域文化旅游资源，将区域文化的特色元素融入旅游线路规划、景区设计、旅游商品开发等环节，打造具有鲜明区域特色的旅游品牌，提升区域文化的知名度与影响力。高职院校还可以与文化机构、艺术团体等开展深度合作，共同策划举办区域文化主题展览、文艺演出、节庆活动等，丰富区域文化的表现形式，拓宽其传播渠道。在此过程中，高职院校应充分发挥其人才、智力优势，为区域文化的传承与创新提供智力支持和技术服务。通过跨界融合与创新，高职院校不仅能够推动区域文化的活态传承，还能促进文化产业的繁荣发展，为地方经济社会的可持续发展注入新的活力。

参 考 文 献

[1]郭凤鸣,颜志勇,张敏.高职院校文化育人模式研究与实践[M].长春:吉林人民出版社, 2021.

[2]曾剑,肖明胜.高职院校多元协同文化育人模式研究[M].长春:吉林出版集团股份有限公司,2022.

[3]方桐清.高职院校文化育人价值取向及其彰显[M].南京:南京大学出版社,2021.

[4]刘永亮,高职院校文化育人的理论与实践探索[M].北京:北京理工大学出版社, 2022.

[5]钟艳红,袁希.高职院校文化育人认知与行动[M].北京:光明日报出版社,2021.

[6]刘彤,陶东波,颜克伦.高职院校科研育人的内涵与路径研究[M].沈阳:辽宁人民出版社,2022.

[7]汤守宏. 构建协同育人机制 提升高职院校人才培养质量 [J]. 中国就业, 2024(09): 74-76.

[8]杨海涛. 文化育人视域下地方文化融入高职院校人才培养改革与实践研究 [J]. 文化创新比较研究, 2024, 8 (24): 141-145.

[9]高慧,王怀群,张小亮,等. 高职院校"三全三自三导"综合育人模式的研究与实践 [J]. 北京工业职业技术学院学报, 2024, 23 (03): 56-59.

[10]李艳,郑海燕. 高职院校劳创融合育人的问题及对策研究 [J]. 创新与创业教育, 2024, 15 (02): 138-142.

[11]李安婕. 河洛文化的"区域文化协同育人"研究 [J]. 洛阳理工学院学报: 社会科学版, 2023, 38 (05): 5-8.

[12]李启天. "三全育人"视域下高职院校学生行为管理策略研究 [J]. 科教导刊, 2023 (27): 133-136..

[13]张乃月,官如香. 基于社团活动的高职院校学生综合素质提升的实践研究路径探析 [J]. 秦智, 2023(07): 142-144.

[14]钱吉奎. 类型教育视域下高职院校特色文化育人模式的研究与实践［J］. 教育与职业，2021(24)：43-47.
[15]陈妮. 文化育人视域下高职院校图书馆文化传承与创新实践：以咸阳职业技术学院仪祉书院建设为例［J］. 科技风，2021(23)：131-133.
[16]李超毅. 高校思政课融合区域文化协同育人的实践与思考［J］. 文化产业，2021(15)：104-105.
[17]艾宏伟. 对高职构建区域文化资源“1+1 协同融合”育人体系的思考［J］. 教育与职业，2021(03)：48-52.
[18]全君彦. 智慧教育背景下高职院校校企合作育人机制的现状审视与实践路径［J］. 河北职业教育，2024，8（03）：40-43.
[19]居珈璇. 以“三元文化”促进高职院校与应用型本科文化育人的有机衔接［J］. 黄冈职业技术学院学报，2020，22（02）：27-30.
[20]张修良. 高职生职业素质提升中的区域文化因素及传扬路径［J］. 湖南工业职业技术学院学报，2016，16（06）：59-61,80.
[21]余太游. 依托区域文化特色，校企合作协同育人：贵州轻工职业技术学院工艺美术品设计专业建设探索实践［J］. 美术教育研究，2019(11)：104-105.
[22]黄滨. 区域文化融入高职学前教育专业人才培养的路径研究：以吉安职业技术学院为例［J］. 西部素质教育，2019，5（11）：14-15,18.
[23]同宇. 高职院校文化育人体系的建构及实证研究［J］. 陕西教育(高教)，2019(04)：58-60.
[24]朱爱胜，承剑芬，奚小网，等. 高职院校文化育人体系构建与实施路径：以无锡职业技术学院为例［J］. 无锡职业技术学院学报，2018，17（01）：1-5.
[25]黄爱环. 高职院校“双师型”教师队伍建设的思考［J］. 公关世界，2024(23)：109-111.
[26]张真真，韩玉铭. 校企合作背景下高职院校兼职教师队伍建设分析［J］. 科技风，2024(31)：69-71.
[27]葛星星. “三全育人”视域下高职院校文化育人构建研究［J］. 佳木斯职业学院学报，2024，40（10）：202-204.
[28]宁启扬. 高职院校产业学院师资队伍建设的问题诊断、根源透视与策略

导向［J］. 天津职业大学学报，2024，33（05）：50-57.
[29]杭海荣,承小贤. 基于“三融”的高职院校“双师型”师资队伍建设研究与实践［J］. 西部素质教育，2024，10（19）：143-147.
[30]刘苗.高职院校校企共建劳动育人基地的路径[J].四川劳动保障,2024(07):148-149.